中国社会科学院创新工程学术出版资助项目

国家社科基金重大特别委托项目
西藏历史与现状综合研究项目

中国社会科学院创新工程学术出版资助项目
国家社科基金重大特别委托项目
西藏历史与现状综合研究项目

珞巴妇女性别角色与社会地位变迁

以米林县南伊珞巴民族乡为例

次仁央宗 著

社会科学文献出版社
SOCIAL SCIENCES ACADEMIC PRESS (CHINA)

西藏历史与现状综合研究项目
编 委 会

名誉主任 江蓝生

主　　任 郝时远

副 主 任 晋保平

成　　员（按姓氏音序排列）

旦增伦珠　尕藏加　郝时远　何宗英
胡　岩　　江蓝生　晋保平　刘晖春
马加力　　石　硕　宋月华　苏发祥
许德存（索南才让）许广智　杨　群
扎　洛　　张　云　仲布·次仁多杰
周伟洲　　朱　玲

总　序

郝时远

　　中国的西藏自治区，是青藏高原的主体部分，是一个自然地理、人文社会极具特色的地区。雪域高原、藏传佛教彰显了这种特色的基本格调。西藏地区平均海拔 4000 米，是人类生活距离太阳最近的地方；藏传佛教集中体现了西藏地域文化的历史特点，宗教典籍中所包含的历史、语言、天文、数理、哲学、医学、建筑、绘画、工艺等知识体系之丰富，超过了任何其他宗教的知识积累，对社会生活的渗透和影响十分广泛。因此，具有国际性的藏学研究离不开西藏地区的历史和现实，中国理所当然是藏学研究的故乡。

　　藏学研究的历史通常被推溯到 17 世纪西方传教士对西藏地区的记载，其实这是一种误解。事实上，从公元 7 世纪藏文的创制，并以藏文追溯世代口传的历史、翻译佛教典籍、记载社会生活的现实，就是藏学研究的开端。同一时代汉文典籍有关吐蕃的历史、政治、经济、文化、社会生活及其与中原王朝互动关系的记录，就是中国藏学研究的本土基础。现代学术研究体系中的藏学，如同汉学、东方学、蒙古学等国际性的学问一样，曾深受西学理论和方法的影响。但是，西学对中国的研究也只能建立在中国历史资料和学术资源基础之上，因为这些历史资料、学术资源中所蕴含的不仅是史实，而且包括了古代记录者、撰著者所依据的资料、分析、解读和观念。因此，中国现代藏学研究的发展，不仅需要参考、借鉴和吸收西学的成就，而且必须立足本土的传统，光大中国藏学研究的中国特色。

作为一门学问，藏学是一个综合性的学术研究领域，"西藏历史与现状综合研究项目"即是立足藏学研究综合性特点的国家社会科学基金重大特别委托项目。自2009年"西藏历史与现状综合研究项目"启动以来，中国社会科学院建立了项目领导小组，组成了专家委员会，制定了《"西藏历史与现状综合研究项目"管理办法》，采取发布年度课题指南和委托的方式，面向全国进行招标申报。几年来，根据年度发布的项目指南，通过专家初审、专家委员会评审的工作机制，逐年批准了一百多项课题，约占申报量的十分之一。这些项目的成果形式主要为学术专著、档案整理、文献翻译、研究报告、学术论文等类型。

承担这些课题的主持人，既包括长期从事藏学研究的知名学者，也包括致力于从事这方面研究的后生晚辈，他们的学科背景十分多样，包括历史学、政治学、经济学、民族学、人类学、宗教学、社会学、法学、语言学、生态学、心理学、医学、教育学、农学、地理学和国际关系研究等诸多学科，分布于全国23个省、自治区、直辖市的各类科学研究机构、高等院校。专家委员会在坚持以选题、论证等质量入选原则的基础上，对西藏自治区、青海、四川、甘肃、云南这些藏族聚居地区的学者和研究机构，给予了一定程度的支持。这些地区的科学研究机构、高等院校大都具有藏学研究的实体、团队，是研究西藏历史与现实的重要力量。

"西藏历史与现状综合研究项目"具有时空跨度大、内容覆盖广的特点。在历史研究方面，以断代、区域、专题为主，其中包括一些历史档案的整理，突出了古代西藏与中原地区的政治、经济和文化交流关系；在宗教研究方面，以藏传佛教的政教合一制度及其影响、寺规戒律与寺庙管理、僧人行止和社会责任为重点，突出了藏传佛教与构建和谐社会的关系；在现实研究方面，则涉及政治、经济、文化、社会和生态环境等诸多领域，突出了跨越式发展和长治久安的主题。

在平均海拔4000米的雪域高原，实现现代化的发展，是中国改革开放以来推进经济社会发展的重大难题之一，也是没有国际经验可资借鉴的中国实践，其开创性自不待言。同时，以西藏自治区现代化为主题的经济社会发展，不仅面对地理、气候、环境、经济基础、文化特点、社会结构等特殊性，而且面对境外达赖集团和西方一些所谓"援藏"势力制造的"西藏问题"。因此，这一项目的实施也必然包括针对这方面的研究选题。

所谓"西藏问题"是近代大英帝国侵略中国、图谋将西藏地区纳入其殖民统治而制造的一个历史伪案，流毒甚广。虽然在一个世纪之后，英国官方承认以往对中国西藏的政策是"时代错误"，但是西方国家纵容十四世达赖喇嘛四处游说这种"时代错误"的国际环境并未改变。作为"时代错误"的核心内容，即英国殖民势力图谋独占西藏地区，伪造了一个具有"现代国家"特征的"香格里拉"神话，使旧西藏的"人间天堂"印象在西方社会大行其道，并且作为历史参照物来指责1959年西藏地区的民主改革、诋毁新西藏日新月异的现实发展。以致从17世纪到20世纪上半叶，众多西方人（包括英国人）对旧西藏黑暗、愚昧、肮脏、落后、残酷的大量实地记录，在今天的西方社会舆论中变成讳莫如深的话题，进而造成广泛的"集体失忆"现象。

这种外部环境，始终是十四世达赖喇嘛及其集团势力炒作"西藏问题"和分裂中国的动力。自20世纪80年代末以来，随着苏联国家裂变的进程，达赖集团在西方势力的支持下展开了持续不断、无孔不入的分裂活动。达赖喇嘛以其政教合一的身份，一方面在国际社会中扮演"非暴力"的"和平使者"，另一方面则挑起中国西藏等地区的社会骚乱、街头暴力等分裂活动。2008年，达赖集团针对中国举办奥运会而组织的大规模破坏活动，在境外形成了抢夺奥运火炬、冲击中国大使馆的恶劣暴行，在境内制造了打、砸、烧、杀的严重罪行，其目的就是要使所谓"西藏问题"弄假成真。而一些西方国家对此视而不见，则大都出于"乐观其成"的"西化""分化"中国的战略意图。其根本原因在于，中国的经济社会发展蒸蒸日上，西藏自治区的现代化进程不断加快，正在彰显中国特色社会主义制度的优越性，而西方世界不能接受中国特色社会主义取得成功，达赖喇嘛不能接受西藏地区彻底铲除政教合一封建农奴制度残存的历史影响。

在美国等西方国家的政治和社会舆论中，有关中国的议题不少，其中所谓"西藏问题"是重点之一。一些西方首脑和政要时不时以会见达赖喇嘛等方式，来表达他们对"西藏问题"的关注，显示其捍卫"人权"的高尚道义。其实，当"西藏问题"成为这些国家政党竞争、舆论炒作的工具性议题后,通过会见达赖喇嘛来向中国施加压力,已经成为西方政治作茧自缚的梦魇。实践证明,只要在事实上固守"时代错误",所谓"西藏问题"的国际化只能导致搬石砸脚的后果。对中国而言,内因是变化的依据,外因是变化的条件这一哲学原理没有改变,推进"中国特色、西藏特点"现代化建设的时间表是由中国确定的,中国具备抵御任何外部势力破坏国家统一、民族团结、社会稳定的能力。从这个意义上说,本项目的实施不仅关注了国际事务中的涉藏斗争问题,而且尤其重视西藏经济社会跨越式发展和长治久安的议题。

在"西藏历史与现状综合研究项目"的实施进程中,贯彻中央第五次西藏工作座谈会的精神,落实国家和西藏自治区"十二五"规划的发展要求,是课题立项的重要指向。"中国特色、西藏特点"的发展战略,无论在理论上还是在实践中,都是一个现在进行时的过程。如何把西藏地区建设成为中国"重要的国家安全屏障、重要的生态安全屏障、重要的战略资源储备基地、重要的高原特色农产品基地、重要的中华民族特色文化保护地、重要的世界旅游目的地",不仅需要脚踏实地地践行发展,而且需要科学研究的智力支持。在这方面,本项目设立了一系列相关的研究课题,诸如西藏跨越式发展目标评估,西藏民生改善的目标与政策,西藏基本公共服务及其管理能力,西藏特色经济发展与发展潜力,西藏交通运输业的发展与国内外贸易,西藏小城镇建设与发展,西藏人口较少民族及其跨越式发展等研究方向,分解出诸多的专题性研究课题。

注重和鼓励调查研究,是实施"西藏历史与现状综合研究项目"的基本原则。对西藏等地区经济社会发展的研究,涉面甚广,特别是涉及农村、牧区、城镇社区的研究,都需要开展深入的实地调查,课题指南强调实证、课题设计要求具体,也成为这类课题立项的基本条件。在这方面,我们设计了回访性的调查研究项目,即在20世纪五六十年代开展的藏区调查基础上,进行经济社会发展变迁的回访性调查,以展现半个多世纪以来这些微观社区的变化。这些现实性的课题,广泛地关注了经济社会的各个领域,其中包括人口、妇女、教育、就业、医疗、社会保障等民生改善问题,宗教信仰、语言文字、传统技艺、风俗习惯等文化传承问题,基础设施、资源开发、农牧业、旅游业、城镇化等经济发展问题,自然保护、退耕还林、退牧还草、生态移民等生态保护问题,等等。我们期望这些陆续付梓的成果,能够从不同侧面反映西藏等地区经济社会发展的面貌,反映藏族人民生活水平不断提高的现实,体现科学研究服务于实践需求的智力支持。

如前所述,藏学研究是中国学术领域的重要组成部分,也是中华民族伟大复兴在学术事业方面的重要支点之一。"西藏历史与现状综合研究项目"的实施涉及的学科众多,它虽然以西藏等藏族聚居地区为主要研究对象,但是从学科视野方面进一步扩展了藏学研究的空间,也扩大了从事藏学研究的学术力量。但是,这一项目的实施及其推出的学术成果,只是当代中国藏学研究发展的一个加油站,它在一定程度上反映了中国藏学研究综合发展的态势,进一步加强了藏学研究服务于"中国特色、西藏特点"的发展要求。但是,我们也必须看到,在全面建成小康社会和全面深化改革的进程中,西藏实现跨越式发展和长治久安,无论是理论预期还是实际过程,都面对着诸多具有长期性、复杂性、艰巨性特点的现实问题,其中包括来自国际层面和境外达赖集团的干扰。继续深化这些问题的研究,可谓任重道远。

在"西藏历史与现状综合研究项目"进入结项和出版阶段之际，我代表"西藏历史与现状综合研究项目"专家委员会，对全国哲学社会科学规划办公室、中国社会科学院及其项目领导小组几年来给予的关心、支持和指导致以崇高的敬意！对"西藏历史与现状综合研究项目"办公室在组织实施、协调联络、监督检查、鉴定验收等方面付出的努力表示衷心的感谢！同时，承担"西藏历史与现状综合研究项目"成果出版事务的社会科学文献出版社，在课题鉴定环节即介入了这项工作，为这套研究成果的出版付出了令人感佩的努力，向他们表示诚挚的谢意！

2013 年 12 月北京

目 录

第一章 绪论 / 1

　第一节 研究背景、目的及意义 / 1

　　一 研究背景 / 1

　　二 研究目的 / 2

　　三 研究意义 / 3

　第二节 研究结构 / 4

第二章 社会性别角色与妇女地位研究的
　　　　理论与文献综述 / 6

　第一节 社会性别角色与妇女地位研究的
　　　　概念界定 / 6

　　一 社会性别角色 / 6

　　二 妇女地位研究 / 9

　第二节 文献回顾 / 11

　第三节 研究方法和样本取样 / 15

一　调查地点 / 15

　　二　研究方法及样本 / 16

第三章　珞巴族妇女的社会生活状况与
　　　　社会变迁 / 18

　第一节　民主改革之前的珞巴族社会
　　　　　结构 / 20

　　一　父系社会组织 / 20

　　二　婚姻与家庭 / 21

　　三　生产方式与生产工具 / 23

　第二节　传统的珞巴社会性别角色与妇女
　　　　　社会地位 / 27

　　一　传统珞巴族社会性别角色和妇女
　　　　地位 / 27

　　二　妇女没有婚姻自主权 / 29

　　三　妇女在家庭和社会中地位低 / 30

　　四　妇女无权参与教育和氏族活动 / 31

　　五　宗教活动中的妇女地位 / 32

　第三节　现代珞巴族社会变迁 / 33

　　一　社会经济发展迅速 / 33

　　二　教育、卫生事业长足进步 / 35

　第四节　调查对象的基本特征和现状
　　　　　分析 / 36

　　一　调查对象的基本状况 / 36

　　二　珞巴族社会性别角色与妇女
　　　　地位 / 38

第四章 对珞巴族妇女性别角色及妇女地位的
　　　　思考 / 55

参考文献 / 60

后　记 / 63

附　录 / 64

第一章 绪论

第一节 研究背景、目的及意义

一 研究背景

人类发展是当前全球发展议题中的中心议题,从而性别公平也成为当今全球普遍关注的重要问题之一。在日常生活中性别问题常常被表述为妇女问题,妇女发展及妇女地位是当今社会发展的重大议题之一。在联合国召开的全球性有关会议从不忽略妇女与发展的问题。因为一般而言,社会发展目标是一个包含有多种目标的目标体系,除了其他目标外,它还包括了男女平等、妇女解放、发展个性以及促进家庭幸福等与妇女问题相关的目标。①

20 世纪 90 年代以来,全球女性面临着暴力、歧视、教育、就业、贫困、疾病等一些较大的共同问题,从第一次世界妇女大会到第四次世界妇女大会制定并通过进一步加速执行《内罗毕战略》的《北京宣言》和《行动纲领》,指出了提高全球妇女地位的主要障碍,制定了今后的战略目标和具体行动,并对于全面提高妇女地位提出了目标和措施。"基于我国是世界人口最多和拥有较多少数民族的国家之一,在 1 亿多的少数民族人口中,有近半数的少数民族

---

① www.women.org.cn。

妇女，女性人口的发展水平对整个社会的发展影响巨大，妇女地位的变化反映一个社会的发展与变迁"[1]，尤其是少数民族妇女的地位变迁一直为我国政府和国际社会所关注。自新中国成立以来的60多年，中国女性的政治、经济、法律、家庭地位发生了翻天覆地的变化，特别是改革开放以来，不仅妇女的思想意识发生了变革，而且在各个行业中展现了自身的价值并在分享经济快速发展带来的福音的同时，也面临着许多新的问题和挑战，这些必然对社会经济发展和妇女本身的发展产生一定的影响。特别是少数民族人口不仅要继承原有的生产生活方式，而且还要进一步加大改革开放和市场经济的力度，融入新的社会发展当中。在这一过程中，了解她们所处的环境和自身生活状况以及婚姻家庭、教育、就业情况发生了怎样的变化，无疑会对少数民族女性的发展和今后社会经济发展起到积极的作用。在这种背景下，全面了解和分析中国人口最少的少数民族珞巴族妇女在社会变迁中的角色与社会地位变化是非常有意义的。本文采取统计分析的方法，从人类学、社会学和民族学的研究视角对珞巴族妇女在婚姻家庭以及文化教育和职业地位等方面进行总结描述，从而对整个珞巴地区的女性生存状态做出一定的归纳。本文依据入户调查数据、个别访谈和文献回顾，对珞巴妇女在社会变迁中婚姻家庭观念以及文化教育和职业地位等变化方面进行总结描述，反映珞巴族社会资源分配的性别结构，探究社会变迁与女性地位变化的关系，为珞巴族妇女地位发展变化提供必要的基础性材料。总之，通过调查研究了解现状，找出差距，便于今后妇女全方位的发展。

二 研究目的

伴随着我国社会的发展进步和经济的不断增长，少数民族地区

---

[1] 唐潆：《拉萨市妇女地位研究》，首都经济贸易大学硕士学位论文，2006。

人民的生存和发展状况也日益得到改善，生活水平不断得到提升。过去处于社会边缘的女性，随着当今社会的不断进步，在家庭、婚姻、参政议政等方面的权利不断发展，体现了在新的发展阶段我国社会制度的优越性，也是建立新型的民主和谐社会的必然要求和追求的目标。本研究的目的首先是以珞巴族妇女为研究对象，针对珞巴族妇女地位的现状，运用辩证唯物主义的基本立场、观点和方法，揭示珞巴妇女在不同历史时期的家庭、婚姻、教育、宗教、政治等活动当中性别角色和地位是如何产生和维系的，又如何使这种角色和地位发生变迁。

其次，本研究将探讨影响珞巴族妇女地位发展的因素，研究为提高珞巴族妇女的地位乃至整个少数民族妇女的地位政策制定提供理论依据。目前社会学和经济学领域的相关著作也更多集中关注社会群体之间的平等，特别是女性社会学研究在社会性别分析范畴内，对文化、经济和政治社会变迁的关注以及社会性别、阶层、种族的批判分析，对平等公正的追求在许多国家和地区发挥了积极有效的作用。近几年来，国内外社会学、人口学及妇女学对中国内地妇女的婚姻状况和家庭地位进行了广泛深入的研究，取得了较多的研究成果。关于少数民族人口的研究更多的是关注少数民族本身的生存和发展状况，而对少数民族妇女的婚姻状况和家庭地位的研究相对较少，特别是对中国人口最少的少数民族珞巴族的妇女地位的研究几乎空白。

三 研究意义

近60年来，珞巴族的社会经济得到快速发展，妇女也改变了历史上所承受的男尊女卑，婚姻不自主，文盲多，政治上没有地位，经济上不能自主等问题。在社会经济各项活动中妇女扮演着越来越重要的角色，参与面越来越广和参与程度越来越深。妇女在参与过程中不断增强主体意识,从传统的家庭型观念向现代的参政议政调整,改变着自己和家庭角色,社会地位逐步得到提高,这是历史性的巨大变化。

从不同的历史、不同的文化角度来研究珞巴族妇女,其在社会地位、文化生活及妇女思想解放运动历程等方面都与我国的其他少数民族有明显差异。若从该民族特有文化的历史动态发展中去研究妇女,需要研究她们在社会发展过程中展示历史文化是如何限制和塑造妇女而妇女又是如何创造文化的双向运动过程①。有关珞巴族的历史发展和文化,婚姻家庭和社会变迁的研究在国内实属不多,专门研究妇女地位的更是寥寥无几。本研究不仅对于进一步了解中国少数民族的社会及文化的多元性有重要价值,而且也将为珞巴族妇女人类学研究提供新的视角,具有填补空白的性质,也为将来进一步进行该领域研究打下基础,创造更好的条件。这不但对学术研究领域产生积极的意义,而且更会为珞巴族社会、经济、家庭的繁荣提供有益的帮助,带来积极的现实意义,并且分析资料和研究结果必定能为政府部门制定宏观政策及社会发展的长期规划提供参考依据。

第二节　研究结构

全文由四部分组成。第一章介绍本课题研究的背景,阐明本文研究的目的和意义。第二章为性别角色与妇女地位研究的文献综述回顾。本章分别依性别角色和妇女地位的概念从国内国际角度来分析,对所查的与妇女地位相关的文献、著作等资料进行了整理和汇

---

① 孙凌、张卫平、宋娅蒂:《妇女经济参与、能力建设与当代中国社会发展》,重庆市妇女社会发展研究中心。

总，对前人的研究进行了文献回顾。其中第三节为研究方法。介绍研究过程中所采用的调查方法，如调查地、数据分析方法和样本等。第三章介绍珞巴族妇女性别角色与社会地位的变迁，从传统和现代两方面进行对比叙述及现状分析。第四章是对珞巴族妇女性别角色与社会地位的思考。

第二章 社会性别角色与妇女地位研究的理论与文献综述

第一节 社会性别角色与妇女地位研究的概念界定

一 社会性别角色

社会性别研究（social gender studies）这个学术概念早已进入许多国家政府以及联合国机构组织的公共政策和决策中，成为在资源分配和社会管理中实施社会公正和平等的一个基本分析范畴和统计类别（www.women.org.cn）。社会性别角色（social gender role）在笔者看来是一个语法概念，表示词的阴阳性，指男女在生理结构方面的差异导致在今后社会发展过程中所扮演的各自不同的角色。从文化角度来讲，性别角色就是一系列与各自的性别相关联的行为、态度和动机。男人和女人一出生就按照社会的期望扮演不同的性别角色，被人们按照不同的性别方式进行培育，完成社会化的过程。即男性扮演着刚性，主动，家里的顶梁柱，而女性扮演着温柔贤惠，家里的贤妻良母，常常处于依赖男人的角色。"社会性别"（social gender）理论的出现，与19世纪至21世纪的女性/女权主义思潮运动的出现和嬗变有着直接的关联。这种关联具体表现为，性别理论是在女性主义的发展过程中逐步形成、丰富和完善的。[①] 女性/女权主义是随着 20 世纪 60 年代欧美女权运动及妇女研究的兴起而于 20 世纪 70 年代产生的。"许多学者认为女权主义是指以女性经验为来源与动机的社会理论与政治运动，许多女性主义的支持者也着重于性别不平等的分析以及推动妇女的权利、利益与议题。女性主义理论的目的在于了解不平等的本质以及着重在性别政治、权力关系与性意识之上。女性主义政治行动则挑战诸如生育权、堕胎权、教育权、家庭暴力、产假、薪资平等、投票权、性骚扰、性别歧视与性暴力等等的议题。女性主义探究的主题则包括歧视、刻板印象、物化（尤其是关于性的物化）、身体、家务分配、压迫与父权。"[②] 作为女性主义研究的核心概念，是指不同文化赋予两性不同的社会角色、行为准则、表现形式及象征意义的现象。该理论认为社会性别是后天形成的，受社会文化制约，由复杂的社会政治和经济因素决定，是在社会文化适应中形成的男女角色、性别、地位、行为特征等方面的差异。女性主义人类学认为，文化将女性定义为生儿育女的母亲角色，正是女性附属地位形成的社会基础，两性差异普遍存在，其社会历史根源复杂而深远，并且不仅仅是家庭范畴，而是一种社会关系。[③] 早期的女性主义人类学以女性主义和文化决定观相结合为前提，分析文化多样性与社会因素对性别行为和观念的影响，开始了社会性别（两性差异）的探讨，改变了传统人类学的女性研究，使社会性别成为女性主义人类学研究的真正起点和贯穿始终的重要主题。

有的学者解释社会性别（gender）概念是对解释男女地位差别

---

① 赵东玉：《性别理论的演变和性别角色的定义》，《文化学刊》2010 年第 1 期，第 140 页。
② http://zh.wikipedia.org/wiki/.
③ 周泌：《妇女人类学的社会性别与女性地位、权力研究》，《新疆师范大学学报》（哲学社会科学版）1999 年第 1 期，第 33 页。

的传统"生物决定论"的否定,女性之所以在地位上低于或劣于男性,不是先天原因,而是后天环境造成的;女性与男性的差距是社会习俗束缚和传统文化影响的结果,是社会文化和制度建构的。美国人类学家玛格丽特·米德指出,"每个民族文化都用一定的方法使男女性别角色制度化"①。任何民族都存在着以文化为基础的性别社会差异。社会把两性的生物性差别扩大化和制度化,并通过两性在各个生命周期中的性别社会化,把这种制度安排不断地传递给两性。②从历史角度来讲性别研究是西方的性别角色围绕着异性行为的观念展开的女权主义。我国的性别研究较晚于西方国家,"在从事性别研究过程中被中国妇女研究界相当广泛地运用。但对'社会性别'的理解基本上是把它作为仅与'妇女'相关的概念。由此可见,社会性别理论在解构传统性别关系和性别观念的同时,也在努力建构新的社会性别关系和社会性别观念。这种理论说到底是要从探寻两性关系的奥秘开始,认识人的本性,又在深入了解人的本性的基础上,寻找构建良善社会关系、提高社会整体福祉的新途径,并由此形成社会性别分析范畴"③。因此,"社会性别理论对一系列社会问题的本质和根源的回答,对于我们更加全面了解公共管理的价值、手段和目标有着极大的启发意义。它提出的一系列问题,比如,社会性别不平等的根源——经济生活、社会关系、社会制度、权力关系——都可能依靠自身的分析范畴找到答案,从而帮助提醒人们在制定公共政策、从事公共管理的活动中,必须深入理解问题的本质,把正义、平等、公正的价值观纳入性别构成的现实实践之中"④。从第一次世界妇女大会

---

① Margaret Mead, "Sex and Temperament in Three Primitive Societies," New York: Mentor, 1950, p.11.
② 魏国英:《女性学概论》,北京大学出版社,2000,第67页。
③ www.women.org.cn.
④ 张再生:《社会性别与公共管理》,天津大学出版社,2011。

到如今特别是 1995 年第四次世界妇女大会在北京的召开，使西方女性主义和社会性别研究在中国得到了传播。改革开放为女性主义运动和社会性别研究在我国的实践提供了有利的条件，女性研究达到高潮，各类妇女研究书籍纷纷问世。但我国的社会性别研究往往局限于或只注重女性，也就是说社会性别研究排除男性研究，而且这些研究当中过多地强调政治因素，往往将妇女放在大的社会背景下，揭示其政治、生活地位，缺少对女性生活经历的分析。[①]

依据上述情况，参照既有的中外概念，我国学者赵东玉给出的性别角色概念就是："我国在漫长的社会历史进程中，围绕着男女生理性别的差异，而逐步形成的一系列行为态度、动机、礼仪规范和行为举止以及社会的期待和愿望等两性之间的种种差异和区别的模式。这也就是说，男女性别角色的差异和区别，不能排除生物性的成分，但不能说是由生物之性所决定的。生物之性决定了人的性别，却不能决定性别角色。"[②] 也就是说，性别是先天决定的，而性别角色是社会发展的产物。社会性别与妇女地位、社会性别与亲属制度、社会性别与劳动力分工、社会性别与语言行为等都是其重要研究课题。

二 妇女地位研究

妇女社会地位作为社会性别研究的始点，涉及女性概念、角色、身份和认同，西方学者从人口学、社会学、人类学等不同学科视角来解释女性地位或是进行实证分析，但是对妇女地位的界定比较模糊。目前国际学术界对妇女地位的界定多采用狄克逊的说法，

---

① www.weifang.edu.cn.
② 赵东玉：《性别理论的演变和性别角色的定义》，《文化学刊》2010 年第 1 期，第 140 页。

即女性地位是指女性在家庭、社区以及在社会中对物质资源（包括食物、收入和其他财富）、社会资源（包括知识、权力和威望）的占有及控制能力（狄克逊，1978）。①

"妇女地位研究"一词最新、最简单的用法，就是作为"性别角色研究"的同义词。在过去几年里，很多研究妇女史的书籍和文章都在题目中将"妇女"换成了"社会性别"。在有些情况下，这种替换虽然模糊地涉及某种分析概念，但实际上是为了在这个领域里更容易被接受。"妇女问题"研究框架的特点是关注各界妇女当前面对的紧迫问题，希望通过研究找到解决这些问题的途径和对策。在妇女地位研究的诸多角度中，与妇女地位研究联系最多的概念是妇女的社会地位和家庭地位。从以往的研究来看，妇女社会地位是从妇女所拥有的社会资源如政治参与、劳动参与、文化教育等方面来定义，而妇女家庭地位主要从家庭内部决策权大小、对家庭资源的占有等角度来定义，即妇女在家庭内部的性别规范中所拥有的权利的大小。② 以上关于妇女地位的研究概念界定都可以由资源理论做出相应的解释。在家庭社会学关于妇女家庭地位的诸多研究成果中，尽管就夫妻之间权力格局的"客观"衡量方法和行动者自身的主观感受两者究竟哪一种方式更能代表真实情况存在一些争议，但是关于妇女在家庭中的地位不可置疑的衡量标准或者是衡量妇女地位高低的一个重要的侧面是妇女的主体地位，即妇女主体性的能动作用。这种主体能动作用使得妇女承担起与男性同等的责任，并且能够做出主动而非被动的选择。妇女的挣钱能力、受教育水平、识字、在家庭之外的经济地位会增强妇女的主体性，由此而来的主体地位的提高能对本来决定家

---

① 温蓉：《农村城市化进程中女性家庭地位实证研究——以湖北省的两个行政村为例》，西北民族大学硕士学位论文，2007，第7页。
② 唐滢：《拉萨市妇女地位研究》，首都经济贸易大学硕士学位论文，2006。

庭内部以及整个社会分工的那些因素和组织原则产生深远的影响。①

第二节 文献回顾

妇女是社会的重要组成部分，妇女的性别角色和社会地位是由社会文化环境所决定的，它随时间和文化的差异而发展变化。随着女权主义运动和学术在全球的迅速发展，社会性别研究从学科体制到学术理论都发生了很大变化。早在20世纪70年代，西方国家首次提出社会性别研究并对妇女地位研究起到很大的促进作用。1976年美国人类学家格·如本（Gagle Rubin）认为社会性别是对生理性别的批判，首先提出了男（male）女（female）应从社会、文化的背景去理解的问题；其次，因先天的角色使社会制度、法律、价值观对妇女的歧视而造成的政治、文化、经济上的压迫；再次，实现男女平等的道路有待于建设一个平等的社会制度，创造一个平等的文化，此理论对西方的妇女地位研究有重大的促进作用。美国社会学者戴维·波谱诺也说：性别角色就是与作为男性和女性相联系的社会角色。② 亨瑞塔·摩尔在其名著《女性主义与人类学》（*Feminism and Anthropology*）中指出：（性别角色）指不同的文化赋予男女不同的社会角色、行为准则、表现形式及象征意义等现象。另外法国著名的女性主义学者西蒙·德·波娃（Simone de Beauvoir）、美国历史学家琼·W. 斯科特（Jane W. Scott）等都认为社会性别是社会不平等的一种表现，而这种不平等是由历史、社会地位等因素造成的。在这种学术观点的影响下，越来越多的西方性

---

① 〔印度〕阿玛蒂亚·森：《以自由看待发展》，中国人民大学出版社，2001。
② 〔美〕戴维·波谱诺：《社会学》，李强等译，中国人民大学出版社，1999，第97、98、362页。

别学者在探究男女不平等、妇女受压迫的根源时，强调性别差异与妇女社会地位及家庭地位的关系。卡罗尔·史密斯·罗森伯（Carroll Smith Rosenberg）关于女性领域特点的研究，曾形成"女性群体"概念，而跨文化研究则打破了女性文化的一体性。怀特曾做了93个前工业社会的泛文化比较，找出52种可能影响女性地位的因素，而每组因素不超过5个，认为没有一套通用标准或最重要因素可以衡量女性地位，女性间也有差异，并无统一地位。朱迪思·贝特纳则指出不同种族、民族、阶级的女性有不同文化、利益观念。[①]

对社会性别史的回顾还追溯了19世纪巴巴拉·韦尔特（Barbera Welter）的成果：社会性别分工割裂了男女，社会价值观以男性为准则。最初将女性作为一个社会群体来研究其与男性地位的差异，美国妇女学者提出需要修订通常的历史分期，以使妇女生活得以纳入正史（琼·凯利，1977）；英国的妇女人类学，讨论妇女作为沉默的群体的地位；伦敦妇女人类学小组受到马克思学说的影响，探讨不同经济社会妇女生育生产问题；法国则主要研讨性别歧视与压迫。1995年第四次世界妇女大会在北京的召开，使西方女性主义和社会性别研究在中国得到了传播，我国的改革开放为女性主义运动和社会性别研究在我国的实践提供了有利的条件，女性研究达到高潮，各类妇女研究书籍纷纷问世。改革开放使中国城市妇女的社会与家庭地位发生了极大的变化。随着经济体制改革的深化，成年女性在社会经济方面原有的地位遭遇到了很大的挑战。[②] 20世纪80年代出版的我国学者刘达临著的《性社会学》一书，首次使用了"性角色"一词，就是指在社会生活中由于性别不同而造成的角色差异。[③] 罗慧兰著的《女性学》一书中说：所谓性别角

---

① 朱迪思·贝特纳：《女性主义和历史》，《社会性别和历史》1989年秋季刊。
② 翁乃群：《转型社会中的中国妇女》，中国社会科学出版社，2004。
③ 刘达临：《性社会学》，山东人民出版社，1986，第57~58页。

第二章
社会性别角色与妇女地位研究的理论与文献综述

色,是指社会所赋予某一性别的一套稳定的行为模式。魏国英主编的《女性学概论》一书里指出,性别角色是社会赋予特定性别在一定情境中的一套心理行为模式。对每个个体来说,性别角色都是在遗传的"性"基础上,受社会环境和个人自我概念的影响,在后天的社会生活中逐渐获得的。① 郑杭生主编的《社会学新修》一书也认为:性别角色这个概念,来源于社会学中的社会角色理论。它是指社会针对具有不同生物性别的人所规定的足以确认其身份与地位的一整套权利、义务的规范与行为、表现的模式。② 赵东玉在《性别理论的演变和性别角色的定义》中认为,先天的生理性别无法决定性别角色,但它却是性别角色塑造和建构的前提。另外他还认为男女的人性是共同的生理遗传,而性别角色则是生理差异。③ 周颜玲认为,性别角色作为社会的构成"指的是通过社会学习到的与两种生物性别相关的一套规范的期望和行为"④。郑丹丹等对妇女在家庭中的地位提出了新的理论视角:对传统的家庭内部夫妻关系的性质是主从型的还是平权型的,并且对用来衡量妇女在家庭中地位的妇女的自主权、自决权,对家庭事务的决定与参与,家庭中的性别倾向,以及夫妻对家庭义务的承担情况等指标提出了质疑。同时,她通过对福柯权力观的运用从哲学探寻本质的角度,通过对夫妻权力状况和影响因素进行分析的传统思路的哲学反思,对传统问题进行现象学的旋置和转换,即关注现实生活中的家庭内夫妻权力格局是怎么样形成的。⑤

全国妇联和国家统计局联合组织实施了两次中国妇女社会地位调查,根据第二期中国妇女社会地位抽样调查数据表明,随着我国

---

① 魏国英:《女性学概论》,北京大学出版社,2000,第35页。
② 郑杭生主编《社会学新修》,中国人民大学出版社,2003,第184页。
③ 赵东玉:《性别理论的演变和性别角色的定义》,《文化学刊》2010年第1期。
④ 周颜玲:《有关妇女、性和社会性别的话语》,1998,第381页。
⑤ 郑丹丹、杨善华:《夫妻关系"定势"与权力策略》,《社会学研究》2003年第4期。

经济和社会的发展，中国妇女地位在诸多方面取得了进步。同时，调查数据还表明，男女两性社会地位仍然存在总体差距和分层差距。第二期中国妇女社会地位调查课题也将个人消费自主权（即在购买个人用的高档商品、出外学习、打工和资助自己父母时能否自己做主）纳入测量妇女家庭地位的指标体系（第二期中国妇女地位调查课题组，2001）。这一项使用第二期中国妇女社会地位调查数据的定量研究结果则表明，个人事务决定权对家庭实权自我评价的影响非常小，而被一些学者认同为家庭重大事务决定权对家庭实权的影响则远远小于不被他们重视的日常经济支配权；而使用同样资料并以家庭实权作为中介变量的一项路径分析研究结果却认为，个人消费自由权指标对家庭地位满意度有较大的直接影响，故而总影响也显著大于日常经济支配权。该研究结果还报告，已婚男女的家庭地位满意度并非取决于个人是否拥有家庭实权，而主要得益于双方的沟通、相互平等和尊重。①

西藏民主改革以来有关珞巴妇女地位的文章非常少，但有关珞巴族社会、文化、宗教等方面的文章相对较多。例如：早在1963年《光明日报》上登载的《党接珞巴下山来》一文，是我国首次刊登有关珞巴族的文章。之后相继有顾祖成《从博嘎尔民间传说看珞巴族起源和发展》（《西藏民族学院学报》1980年第1期）；李坚尚《珞巴族社会发展的若干特点》（《民族学与现代化》1986年第3期）；龚锐等《珞巴族——中国人口最少的民族》（《今日民族》2006年第11期）；《珞巴族简史》组编写的《珞巴族简史》（西藏人民出版社，1986）；李坚尚《珞巴族的社会与文化》（四川人民出版社，1992）；王玉平《珞巴族》（民族出版社，1997）；姚兆麟《珞巴族婚姻家庭》（中国妇女出版社，1986）；周云水《当代西藏

---

① 唐滢：《拉萨市妇女地位研究》，首都经济贸易大学硕士学位论文，2006。

米林珞巴族社会变迁的人类学考察》(《西藏民族学院学报》2006年第6期);龚锐等《当代珞巴族社会文化变迁调查——以米林县南伊珞巴民族乡琼林珞巴村5户村民为个案》(《中南民族大学学报》2008年第2期);王春蕊等《对少数民族生育率变动下的生育文化研究——以珞巴族为例》(《黑河学刊》2006年第6期);马小庆、王德威《西藏珞巴族妇女月经生理及生育情况调查分析》(《西藏医药杂志》1993年第1期);陈立明《我国门巴族、珞巴族研究历史回顾》[《西藏民族学院学报》(哲学社会科学版)2008年第11期];等等。在国外研究我国珞巴族妇女地位也跟国内一样几乎处于空白阶段,但也有写关于珞巴族宗教文化的。例如,印度作者沙钦·罗伊《珞巴族阿迪人的文化》(西藏人民出版社,1996),雷格胡维尔·辛哈著《喜马拉雅山南麓的宗教和文化》(中国社会科学院民族研究所,1984)。以上相关成果在研究珞巴历史文化和社会发展的过程中,侧重于某一阶段的社会发展历史、宗教、文化、婚姻状况,很少涉及妇女的地位,即使论及也只是轻描淡写,不够全面系统。

第三节 研究方法和样本取样

一 调查地点

本次调查以米林县南伊珞巴民族乡(简称南伊乡)为例。由于历史原因,南伊乡的珞巴族主要来自于过去因躲避部落氏族之间的血亲仇杀而迁徙到该地的,或因债务问题而到此地躲避的,抢亲和私奔等原因以及1962年中印边境自卫反击战后,我军奉命回撤时部分珞渝地区的博嘎尔部落居民也随解放军迁移到米林。因此,目前该乡不仅是西藏自治区珞巴族最为集中,而且是珞巴族中的博嘎尔部落最为集中的乡。

南伊珞巴民族乡1988年经国务院批准正式成立，是全区唯一的珞巴民族乡，位于米林县城东南部，地处雅鲁藏布江中下游和306省道沿线，距离米林县城5公里处，与印占区玛尼岗相邻，1962年前是米林县边境乡镇之一。全乡下辖南伊、琼林、才召村三个行政村，居住着珞巴、藏族、门巴、汉族等多个民族。行政区域面积648.4平方公里，其中：林地面积58758.03亩，草地面积212969.7亩，耕地面积1244.5亩。

2012年南伊乡共有103户503人，其中珞巴族85户378人，劳力共有221人。珞巴族人口占全乡人口的75%，藏族占16%，门巴族占4%。全乡农牧民人均纯收入为7914元，农牧民现金收入为6533元①（主要以林下资源采集、劳务输出、畜牧业、特色种养业为主）。

二 研究方法及样本

在研究方法上，采用问卷调查、访谈、文献收集、比较和观察等综合方式，从广度和深度上使调查结果更接近事实，特别是采用问卷调查和深入访谈为主要研究方式。

（1）问卷调查法。2012年5~6月，南伊珞巴民族乡三个行政村共有262名妇女，包括藏族妇女40人，门巴族妇女10人。15~55岁人数为159人。考虑到语言与文化程度原因，课题组采取了典型入户调查方式并以面对面形式填表。从人类学和女性学研究角度考虑应将男性研究纳入女性研究中比较，但考虑到女性和男性同放入一个课题中在处理上过于复杂，为了能够更具体地把妇女地位弄清楚，最终舍去了男性填写的问卷。不过课题组以访谈的形式采访

---

① 《2012年南伊珞巴族乡年终工作总结报告》，南伊乡政府，2012。

了将近12个珞巴男性,了解他们对女性地位的看法,其中年龄最小为25岁,最大为86岁。另外,由于各种原因未能对以下女性进行调查:第一,年龄为15~25岁的珞巴族女生在内地各省市及西藏自治区各大专院校读书的;第二,由于季节的原因住在山上挖虫草连续4个月未归家的妇女。因此,以户为单位发放问卷85份,收回69份。而这69份问卷完全是来自珞巴族家庭,未包括居住在各村的藏族和门巴族结合家庭,珞巴和藏族结合家庭即户主是藏族的,珞巴和门巴结合家庭即户主是门巴以及珞巴和汉族结合的家庭户主是汉族的家庭。

(2)访谈法。单纯的问卷调查不能全面真实地反映女性社会地位的变化,所以课题组以访谈普通女性自身经验和具体社区参与经验为出发点,获得更为真实的信息和丰富内容。另外,课题组对团结组家庭作过详细和深入访谈,以便对不同民族家庭的妇女做个面上的比较。

(3)文献研究。本文采用了文献研究方法,在就相关主题进行较全面的文献检索,充分了解前人研究成果和国外先进实践经验的基础上,结合实地调查资料,提出个人论点。

(4)比较法。以原有的相关原始资料和现有的数据分析,对比民主改革之前和之后珞巴族的社会、经济、文化的变迁,特别是妇女在家庭、经济、政治活动中的比较,来着重说明珞巴民族在各方面的巨大变化。

(5)数据分析采用SPSS和Excel软件分析。

第三章 珞巴族妇女的社会生活状况与社会变迁

珞巴族是我国56个民族中人口很少的民族，居住在西藏东南，喜马拉雅山脉东段南侧，是一个古老民族。地理位置上主要分布在"东起察隅，西至门隅，北至雅鲁藏布江，南达中印传统习惯上的边界线的广大喜马拉雅山区"[①]。

本区地处深山峡谷地带，山高林密，人烟稀少，交通十分不便，过去架栈桥、过独木、爬"天梯"、飞溜索、穿藤网，是珞巴族的交通绝技。气候上属亚热带或准热带，温和湿润，常年多雨。民主改革前本区基本上是广阔的原始森林，珞巴族在原始森林中过着刀耕火种的原始生活，在信仰上，珞巴人普遍信仰万物有灵的原始宗教，祭祀以牲畜血祭为主，因此，藏族人把他（她）们生活的这一地区称为"珞渝"，藏语中解释为珞巴族居住区，"珞巴"即藏语中的"野蛮人"。新中国成立后，根据实际情况和该民族意愿，1965年国务院正式定名为珞巴族，特别是在藏语中对珞巴族带有歧视性的族称改为"南方人"，这从地理意义上也较符合珞巴族居住在南部的事实。[②]

---

① 李坚尚、刘芳贤：《珞巴族的社会和文化》，四川民族出版社，1992。
② 《珞巴族简史》编写组：《珞巴族简史》，西藏人民出版社，1987。

第三章
珞巴族妇女的社会生活状况与社会变迁

珞巴族的传统住房是石木结构的碉房,坚固耐久且具有很好的防御功能。他们在门上或屋内的墙壁上,画有许多避邪求福的图案。而墙上挂着的动物头,既是财富的象征,也是对猎手打猎能力的炫耀。珞巴族人传统的主食是玉米和鸡爪谷,烧烤是他们最常用的加工食物的方法。直到20世纪六七十年代,珞巴族社会仍处于原始社会末期阶段,刀耕火种兼营狩猎,大型猎物平均分配的古老习俗至今还在沿袭。历史上,由于珞巴族身居高山峡谷,交通比较封闭,社会经济发展水平不高,农业生产工具简单粗陋,大多数地区还采用"刀耕火种"的方式,粮食产量很低,不足以维持生存,因此狩猎就成为珞巴族一项重要的经济活动。珞巴族在长期的狩猎、采集和农业生产活动中,培养了对自然现象敏锐的观察力。[①] 目前行政上珞巴族主要集中在以米林、墨脱、察隅、隆子、朗县等地,也有少数珞巴人散居在拉萨和山南地区。珞巴族有自己的语言,属汉藏语系藏缅语族,但各地方言差异较大,所以大部分人通晓藏语和藏文。珞巴族没有本民族文字,原有的珞巴族历史与文化都是以口传的方式或以刻木结绳记数记事的原始方法[②]保留至今。"珞巴族内部,对本民族没有形成过统一的称谓,而是以不同的部落相称,主要有博嘎尔、米辛巴、达额姆、德根、米古巴、希蒙、坚波、民荣、崩如、旭龙、登尼、崩尼等部落约30个,由于大部分生活在非法的'麦克马洪线'以南,因此无法全面调查"[③]。

据2010年第六次全国人口普查统计,在我国实际控制区境内珞巴族人口数只有3685人,与10年前的"五普"相比,珞巴族人口增加了0.08万人,增长率为21.70%,平均年增长率2.56%。在

---

① 《珞巴族简史》编写组:《珞巴族简史》,西藏人民出版社,1987。
② www.baidu.com,中华民族史。
③ 《大山民族》,厦门援藏工作队和米林县委宣传部,2010。

珞巴族人口中,城镇人口0.06万人,占总人口的18.72%;乡村人口0.24万人,占总人口的81.28%,是我国少数民族中人口很少的一个民族。

第一节　民主改革之前的珞巴族社会结构

一　父系社会组织

过去在组织上,珞巴族部落各个氏族还没有形成统一的氏族联盟,而氏族组织是珞巴族社会的基本结构,以血缘纽带为基础的氏族聚居区里依血缘的远近相互为邻。[①] 在整体上,由于各个部落氏族人丁较少,因此各个生活区域,血缘村寨之间没有明显的界碑,各个部落、氏族、家族之间主要以自然的山脉、河流等自然物为界限。

博嘎尔部落是珞巴几个部落中较大的氏族之一,在博嘎尔部落氏族共同居住的区域内,所有的土地、狩猎场、河流等在名义上都归氏族集体所有,在通常的情况下,本氏族的成员都可以利用本氏族下辖的河流或者猎场,形成资源氏族共有、私人占有的形式。在习俗上,猎场也归氏族共有,在这个基础上,各家族也各占有一定的地域,在各家族占有的地段,其他家族的猎手是禁止设置暗套、陷阱等狩猎设施,否则会被认为是侵略领地行为。但是,通过狩猎等方式得到的猎物,则是允许的。另外,在狩猎过程中,进入别人的猎场,恰巧遇到别人设置的暗套或者陷阱中有捕猎的猎物,那么发现者有义务将此事告诉猎场的主人,而作为主人,会将猎物胸

---

① 李坚尚、刘芳贤:《珞巴族的社会和文化》,四川民族出版社,1992。

部、脖子上的肉切下来转赠给发现者。在这个部落里，没有出现猎场、田地、渔场等相互出卖的记录，一般情况下家族猎场、田地等会作为父系的财产，由其子孙继承下去。①

在社会组织管理中，和平解放以前，部落氏族都有由西藏地方领主任命的"根部"代行政治权，例如，征收每年要上缴的差税，协调两地的贸易交换，保护本氏族利益，等等。如果口碑较好，可以终身任职，通常情况下会3年或5年一换。② 这种首领虽然是地方领主任命的，但没有什么实际报酬和特权，只是一种虚职，因而，在部落社会中并不能算是真正意义上的首领。如果不称职，氏族成员可以要求对其进行撤职更换。实际上，真正能够协调本氏族各种经营活动的是氏族中自发产生的调节者。这种调节者的产生跟本地的人出身等级情况、家庭经济毫无关系，他所需要具备的条件是热心机智、作战勇敢、见多识广、善于组织且能说会道。在氏族内部，调节者主要职责为协调本氏族各种纠纷，包括婚姻纠纷、婚姻说媒、财产纠纷和打架斗殴，等等。即便是等级较高的氏族之间的纠纷，也会请他们出面来调解。对外氏族，调节者担当着组织本氏族的人血腥复仇、保护本氏族领地与成员的职责，同时也充当本氏族与其他氏族之间矛盾的调解者和氏族之间订立攻守联盟的协调者。

在部落族系传承上，珞巴人习惯以父系氏族血缘关系为社会组织单位，按照父系单边继嗣。③

二　婚姻与家庭

在较多的珞巴族部落社会发展过程中，不同程度地经历了从原

---

① 李坚尚、刘芳贤：《珞巴族的社会和文化》，四川民族出版社，1992。
② 李坚尚、刘芳贤：《珞巴族的社会和文化》。
③ 《大山民族》，厦门援藏工作队和米林县委宣传部，2010。

始时代的无婚姻形式到氏族社会的外婚形式；再从和平解放前的一妻多夫制或一妻一夫制到和平解放后的平等的一妻一夫制的婚姻形式发展阶段。

在珞巴族较多的口传神话故事中，我们不难发现有"母子之间的性关系"，"姐弟之间的性关系"，说明原始的婚姻中是存在血缘婚的，到后来也有些故事中体现了血缘婚开始被禁止，同氏族的人严禁通婚，违者往往被处死。外婚的阶段开始体现了两个氏族联系在一起，一方面，保证了后代的体质和智力的健全发育，另一方面，以这种联系方式为纽带，无形中形成了氏族的联盟，以便共同抵御血腥的氏族仇杀，使本氏族群得以生存和延续。[①] 珞巴族传统的婚姻形式主要有以下三种。

（一）买卖婚

在传统的珞巴族社会里买卖婚普遍存在，直到20世纪六七十年代。在珞巴族的生活语言中没有金钱的概念，通用的价值用几头牛或黄牛来算。而且娶媳妇所需的费用也不是固定的，它随着妇女的等级出身，家庭经济能力的不同而变化。

（二）抢婚

珞巴族的社会里娶妻要付较多的费用，例如：给女方母亲的抚养费和养育费，如果有媒人搭线也要付费，另外还要给女方的舅父交保护费或看护费。因此，"抢婚和交换婚姻现象就随之增多，抢婚较多者往往表现在：（1）男女双方相好，但男方无法支付结婚费用，而女方的父母不肯让步；（2）父母包办的婚姻，而女方以种种原因悔婚不嫁的（也要付遮羞费：人们认为悔婚是对男性家族极大的羞辱，因而应得到补偿）；（3）原夫妻婚后没有感情，女方与其他男人组成家庭，该男人会出来抢婚；（4）氏族间复仇抢

[①] 《珞巴族简史》编写组：《珞巴族简史》，西藏人民出版社，1987。

婚等"①。

（三）交换婚

卖妻需要男方支付一定的费用，故交换婚姻也因此而产生，并且较多在贫穷或较低等家庭中产生。在田野调查中发现，三个村中35%、妇女年龄在60岁以上的家庭基本上是交换婚姻形式，也就是双方都有子女，各自用女儿或亲戚中的女子来交换，为儿子娶妻②，这样就无须另外补偿，这在几个部落里特别是博嘎尔氏族中极为普遍。这在一定程度上表现了珞巴族社会由于经济利益往往使妇女处于从属地位，并成为男性财产的一部分。

珞巴族结婚仪式持续时间较长，一般为三天，也有五天或七天的，同时还有较多的宗教仪式，并且要杀较多的牲畜来接待客人。这种结婚仪式破费较大，一般家庭在经济上承受不起。因此较多的家庭一般要免去仪式，特别是较贫穷的或等级较低的家庭。

三　生产方式与生产工具

民主改革之前，珞巴族的生产方式仍以刀耕火种的原始农业为主，以手工业、打猎采集、畜牧业为辅。珞巴族所处的地理位置和自然环境，有大量的原始森林，各种药材、果树以及粮食作物一年两熟，但由于农业技术水平落后，直到20世纪六七十年代珞巴族仍处于原始的经营操作。

（一）农业

传统的农业属于典型的刀耕火种，没有借用牲畜的力量进行耕作的观念。土地一年或者两年休耕一年，让各种植物长满田地，

---

① 《大山民族》，厦门援藏工作队和米林县委宣传部，2010。
② 娅杰口述，63岁，琼林村人，属国家培养少数民族的第一批珞巴护士，现已退休。

有利于维护水土和田间肥力,但年产量不到 300 公斤。① 主要种植作物有:小米、水稻、鸡爪谷、旱稻、玉米、萝卜、蚕豆、南瓜、土豆、白菜、茄子、西红柿、大蒜、红薯等,此外还有各种果树,如香蕉、板栗、柑橘等。家里主要饲养牛、猪、鸡和羊。"农事活动基本上是珞巴族物候历的十二月月底,主要是选择砍哪块地的树木和在该地方种何种农作物,一旦确定后,就不再更改。在冬末农闲的日子里,人们便砍伐休耕田间的树木等植物,并让这些植物在田间自然干枯,便于以后焚烧。到了珞巴族的物候历元月,全村以家庭为单位,开始焚烧和翻土,将没有烧尽的木头和树枝堆积起来,用于收割第一季作物后再次焚烧,以增加肥力。"②

当时他们的生产工具非常原始,除了部分铁制工具之外大部分是木制工具,加上地势影响不适合牛耕,生产技术较落后,所以产量极少,很难保证生活必需的口粮。据她们部分人的口述,当时的大部分珞巴人一天只吃一顿饭,以果实充饥,喝的是河水,偶尔喝点酒。女性生育之后也没有坐月子意识,生育两天后便从事农业生产活动。③

(二) 采集、狩猎和渔业

1. 采集

由于整个珞渝地区位于亚热带,野生动物和植被资源丰富,这就给他们的采集和狩猎经济发展奠定了良好的基础并占有重要的地位。④ 采集业分三种:一种是原始的采集,不加工便可食用。第二种是种植性质采集,是对原始采集实行管理,尽管这种管理和技术

---

① 娅柏口述,女,72 岁,才召村人,20 世纪六七十年代才召村副队长兼妇女主任。
② 《大山民族》,厦门援藏工作队和米林县委宣传部。
③ 娅柏口述,女,72 岁,才召村人,20 世纪六七十年代才召村副队长兼妇女主任。
④ 李坚尚、刘芳贤:《珞巴族的社会和文化》,四川民族出版社,1992。

发展非常的缓慢,但在一定程度上体现了当时采集业仍在不断发展。第三种是交换采集,交换采集突破了原来的地域,从较小范围发展到周边的藏区,收集的品种有药材、土特产等,而这些特产运到藏区,用来交换藏区的铁器、盐巴、氆氇等生产生活用品。这三种采集也是珞巴族经济发展中不同阶段的表现。①

①野果类:野桃、柑橘、芭蕉、花椒、青冈子,等等。

②野生菌类:香菇、木耳、松茸。

③药材类:麝香、熊胆、虎骨、鹿角、虫草、党参、贝母、当归、天麻、红景天等。

④植被类:山薯、竹笋、务基等。

⑤昆虫类:燕窝、蜂蜜、蜂蜡等。

2. 狩猎

由于珞巴族生活在茂密的森林和高山峡谷地带,野生动物非常丰富,例如老虎、豹子、狗熊、獐子、野猪、山鼠和野鸡等,这些优越的条件为珞巴族的狩猎业奠定了基础。"原始狩猎为珞巴族带来食物,兽皮是用来穿戴。例如:野牛皮、豹皮、水獭皮;另外经济价值很高的药材麝香、熊胆等可用来治病。随着民间商品交换的发展,兽皮和其他产品变成了重要的商品并且价格昂贵,为珞巴族的生产生活的改善起到了一定的作用。山鼠肉是珞巴族人的最爱,并且是款待客人和馈赠的佳品,捕鼠在珞巴族的生产活动中占重要的地位。"②

3. 渔猎

鱼是珞巴族人最喜爱的食品,也用以接待客人和送礼。通常把鱼放在炽热的炭灰里焖熟吃,非常有味道。现如今在南伊乡南伊沟

---

① 李坚尚、刘芳贤:《珞巴族的社会和文化》。
② 《大山民族》。

旅游景区依然可以吃到珞巴族人的典型食物焖鱼。习惯上珞巴人把吃不完的鱼晾干储存起来，同藏族的风干牛肉一样，见图3－1。

图 3－1

（三）畜牧业

珞巴族的博嘎尔部落靠近藏区，高山草地，经营方式也受到藏区畜牧业的影响。主要畜牧养殖品种有犏牛、黄牛、鸡、猪等。畜牧业除了固定的家庭养殖鸡、鸭外，犏牛和黄牛是季节性牧场养殖。经营粗放，选种和配种任其自然。① 在珞巴族的习俗中牧民放牧回村便带来大量的兽肉、酥油、奶渣等。"他们把这些食品积攒起来带到藏区来换取其他的物品如长刀、铜锅等，畜牧业的发展，促进了社会财富的增加和对外交换的加强"。②

---

① 李坚尚、刘芳贤：《珞巴族的社会和文化》。
② 李坚尚、刘芳贤：《珞巴族的社会和文化》。

第三章 珞巴族妇女的社会生活状况与社会变迁

图 3-2 天边牧场旅游景区

第二节 传统的珞巴社会性别角色与妇女社会地位

一 传统珞巴族社会性别角色和妇女地位

在原始的珞巴族生活、生产活动中有非常明显的性别角色，即男性从事打猎、畜牧、农作、交换等行业，而女性从事采集野生植物及从事动物驯养、纺织、染布、竹编等行业，而这种性别角色延续到20世纪70年代末。"在历史上珞巴族有过母系氏族的阶段，孩子从小在母亲身边生活，属于母方的组团，血缘按母亲计算，而这一阶段里女性起到非常重要的作用"。① "这一表现在比如崩尼人

---

① 《珞巴族简史》编写组：《珞巴族简史》，西藏人民出版社，1987，第 12~13 页。

27

的传说中讲到有一村庄全是女性组成,当男性意外到该区,她们便允许男性留宿。当她们怀孕生育时迫切希望生下女孩,若是男性便把他弄死,外族的男子不定期到女方家走婚生活,女子有较高的地位,世系由女系下传。从这一传说反映了女性的重要性。母系氏族社会里,有威望的女子不仅是生产的领导者,而且是生活的组织者,享有崇高的威望,有较高社会地位。"① 母系氏族社会瓦解之后,开始进入父系社会,这种父系社会制度延续到20世纪70年代。"在整个生产社会过程中是以父系家长制家庭为基本单位的氏族部落,社会家庭中以男性家长为中心,在家庭和家族中拥有绝对的权威,不仅大小事务都由男性家长决定,而且在生产领域中起主导作用"。② "因而世系由男性计算,整个社会都以男性为中心"。③ 在传统的珞巴族父系社会制度中,维系父系氏族关系十分重要。父系一方百年之内都算亲属关系不能通婚,而母系方不算并与次血缘族系也是无关的。因此,在博嘎尔部落中兄妹是可以通婚的。④ "这主要表现在部落族系传承上,按父系世系单边继嗣即每个人的名字由父名和自己的名字两部分组成,父亲名字之前加祖父名字依次类推,可知女性在氏族系谱中是没有称谓的,原因是在系谱中同一父亲所生的子女,女子即便父女联名但女子始终要嫁出本氏族之外,所生的子女的名字也要按父系联名,故在日常生活中女性隶属于男性,地位极为低下。"⑤ 女性在氏族系谱中是没有称谓的,这种地位低下不仅表现在婚姻家庭生活中,还表现在有关社会权利以及人身自由上。

---

① 《珞巴族简史》编写组:《珞巴族简史》,第14~15页。
② 陈立明:《珞巴族传统居住习俗及其变化》,《西藏民族学院学报》(社会科学版) 2003年5月。
③ 《珞巴族简史》编写组:《珞巴族简史》。
④ 娅柏口述,女,72岁,才召村人,20世纪六七十年代才召村副队长兼妇女主任。
⑤ 《珞巴族简史》编写组:《珞巴族简史》,第20页。

进入父系社会后，由于男性除了全权承担家庭内部的大小事之外，也长期在外打猎为家庭的生活来源起到主导作用，因此，也加强了男子在社会生活中的地位。①

二 妇女没有婚姻自主权

根据珞巴族许多动人的神话传说我们可以了解到，在远古时代珞巴族社会存在近亲结婚的现象，但最终由于血缘家族不适应社会的发展特别是人口的健康发展，而在部落中实行了禁止家族通婚，实行外族通婚。在重男轻女的珞巴族社会里，等级观念强烈，阶层划分严格，不同等级的人之间不能通婚，女性不允许嫁到外部落，指腹为婚后女性不能悔婚。② 在部落中还盛行着买卖婚姻，交换婚姻、抢婚等。③ 女子出嫁，全是由巫师卜卦、父母包办，没有婚姻自主权。"在珞巴语中，根本没有'娶妻'一词，只有买老婆的说法。'高骨头'（所谓血统高贵的人）的男人买一个妻子，用七八头或十多头奶牛，外加奴隶和铜锅、粮食、酥油等；'低骨头'（所谓奴隶或低贱的人）的男子买一个妻子，也要用四头奶牛。"④ 高骨头的女性嫁给低骨头男子便使该女性地位降一级，高骨头男子娶低骨头的女子其子女不再是高骨头的血统而是属于次一级血统。⑤ 不同等级之间在通婚中有着极为严格的限制，否则，就有可能等级被降，以此来维护血统的纯正和尊严，而这种尊严是对女性婚姻自由的践踏及人格的侮辱。当然，娶妻所需的费用也并不是固定的，它也会随着等级出身、家庭经济能力的不同而发生变化。较为贫穷

---

① 《珞巴族简史》编写组：《珞巴族简史》，第20~21页。
② 娅杰口述。
③ 达登口述，达登，78岁，琼林人，20世纪七八十年代任琼林村村长。
④ 朱江漫：《珞巴族妇女地位极为低下》，http://www.17ok.com，中华五千年，2009-10-16。
⑤ 娅柏口述。

的家庭因无法支付买卖婚姻的费用，为了减轻这种经济负担，只要双方家里有女儿，就可以相互交换，实行交换婚姻，这种婚姻在20世纪六七十年代依然存在。

"在过去博嘎尔通常是一夫一妻制的父系氏族家长制，有些部落的富户盛行一夫多妻，女性是作为男人的附属品而存在，对于已经娶进家门的媳妇成为男人的或者该家族的一种不动产，存在有遗妻要在亡夫兄弟中转房或卖给他人的习俗，子女会随前夫姓。部分家族原配妻子不能生育或没有儿子无法继承家产，该家族男性会娶二房或三房，并且在家庭中的地位也随其生育多少男儿的数量而随之提高。"① 女子不能生育无论是男性问题还是女性本身问题将会受到终生歧视，无论是丧偶或是离婚该女性始终被人歧视。从婚姻制可以看出珞巴族妇女没有婚姻自由，很不受男子尊重，妇女在家中的作用犹如物品，是生儿育女的工具。"在家中的地位极其低下，其价值仅仅是丈夫个人的财产，而抹杀了包括感情在内的其他一切现代婚姻重视的因素"②。这样珞巴族的女性就等于没有人身自由，其在家庭生活的地位可见一斑。

三 妇女在家庭和社会中地位低

在家庭内，妻子完全服从丈夫的意志，"夫权在珞巴族家庭里十分突出，一是支配全家的经济大权，二是对妻子的绝对权力。丈夫要求妻子严守贞操，而男子不受这方面的限制，且以有更多的妻子显示自己的能力"③。妇女是从属丈夫的，可以拷打、变卖，以致杀掉。④ 珞巴族妇女在家庭生活中承担着繁重的家务劳动和生产劳

---

① 《大山民族》。
② 周云水：《当代西藏米林珞巴族社会变迁的人类学考察》，《西藏民族学院学报》（哲学社会科学版）2006年第6期，第33页。
③ 罗洪忠：《珞巴族的家庭形式和试婚习俗》。
④ 李坚尚、刘芳贤：《珞巴族的社会和文化》。

动，例如背水、洗衣、做饭、侍奉老人、养育子女、磨面熬茶等，她们几乎承担着除打猎、宰杀牲畜之外的全部劳动。珞巴族妇女天天忙于家务，根本没有时间为自己而活。虽然珞巴族妇女承担着繁重的家务，但是她们在家庭决策中却没有权利参与，大小事务都听从于丈夫的安排。且在某些礼俗中，也含有男女不平等的东西，如排座位时，男上女下不可逾越；丈夫出去打猎之前妻子不能触碰打猎弓箭和其他用具，女性不能跨越男子的衣物。珞巴族大多部落是一夫多妻制，在家庭里一般每个妻子各立炉灶。在整个家庭中，不能生育的妇女地位是极低下的，其次是只生了女孩的。生育男孩较多的，并且比较能干的妇女，家里的地位比其他妻子要高。在家庭继承权上无论妻子的能力何等强，都不可能有继承权。在珞巴族家庭中，丈夫支配全家的经济大权，财产的继承均归男子，女性没有继承父亲财产的权利。[1] 例如：丈夫去世后如果家里有男孩便可以顺其自然地由他继承家里所有的财产，如果家里只有未成年的男子或都是女儿，便把所有财产和死者妻子与子女都转给死者的兄弟[2]，目的是继承权不能落在女性的手上。女性在行为上也受很大限制，珞巴族的女性不能参加氏族的会议，妻子被丈夫冷落也不能与第三者男性产生暧昧关系，一旦被发现丈夫有处死妻子的权力。从这可以反映出妇女在家庭和社会中的地位。

四 妇女无权参与教育和氏族活动

众所周知，教育是提高国民整体素质的主要途径和关键所在，是关系到国家兴旺发达的大事，尤其是妇女的教育更为重要。在过去，珞巴族人民生活在大山上，落后的经济，贫困的生活严重影响

---

[1] 李坚尚、刘芳贤：《珞巴族的社会和文化》，第164页。
[2] 娅杰口述。

着该地区整个教育特别是妇女教育。民主改革之前，珞巴族没有一个学校，由于珞巴族没有文字只有语言，大多数珞巴人在家里家外说的都是珞巴语①，少数人在藏区交换商品时会说藏语。一般都是传统式教育包括行为教育和口传两种。行为教育通常是通过家长的实践，让子女后辈在实践中掌握生产生活和生存技能。例如：男孩跟随父亲学会打猎，女孩在母亲的带领下学习家务劳动及编织篮子、捻毛线等生产活动。珞巴族的很多美丽传说故事都是一代一代口传下来的。例如：在婚庆、祭奠、宴庆等村寨集会之时，通常老人们聚集在一起给晚辈讲述民族、部落、氏族的产生、发展、演变和各氏族之间的关系史，让他们通过各种娱乐的形式来接触、了解本民族的历史文化。②

直到20世纪80年代，大多珞巴族人还是很少把小孩送到学校去读书。一方面，经济的落后造成该地区教育设施落后、教育经费短缺等问题，另一方面，人民生活的贫困使他们没有经济能力支持自己或子女接受教育，而且生活的贫困也迫使女性不得不承担大部分的生产劳动和家务劳动，甚至为了生计不得不强迫子女特别是女孩儿从小就从事生产劳动。

五　宗教活动中的妇女地位

在原始社会里珞巴族人信奉原始宗教，女性的地位较高。珞巴族人相信万物有灵和多种的崇拜形式，例如：自然崇拜、图腾崇拜、祖先崇拜，等等。"从事宗教活动的巫师分为两个等级：最高等级巫师（纽布）据说可以通三界、能与各种鬼神沟通，并且能为人消灾免祸，主要由女性充当。仅次于纽布的为咪剂，主要

---

① 娅柏口述。
② 《大山民族》。

充当神与人之间的调节者,大部分为男性。这些纽布在整个珞巴族社会里地位较高,受人尊敬和爱戴。但不能世袭传承,而是要看其灵性是否能与神鬼沟通。民主改革之前,由于珞巴族没有医院和医生,巫师就代表着一切,是病人祸福的使者,还是各种红白之事的主持人,也是珞巴族历史典故及文化艺术的掌握者和传承者。"[1]

第三节 现代珞巴族社会变迁

从民主改革到1965年珞巴族被国家确立为单一民族,再到1985年南伊珞巴乡人民政府的成立一直到现在,在党中央、国务院、区党委政府、地委行署以及援藏省市的关怀和大力扶持下,珞巴族社会、政治、经济、文化发生了巨大的变化,珞巴人民的生产生活状况、居住条件、医疗卫生状况等也发生了翻天覆地的变化,农牧民子女有权接受义务教育,珞巴族充分享受到民主政治权利、民族平等,民俗文化也得到了充分重视和保护。特别是南伊珞巴民族乡经济持续、快速、健康发展,社会各项事业稳步推进,农牧民生产生活状况发生了质的飞跃,"人均纯收入、现金收入增长率按16%的增长速度稳步增长,目前全乡通水率、通电率、通邮率、通车率、广播电视覆盖率、电信、移动网络覆盖率均为100%"[2],各项事业取得了前所未有的进步和发展,人民安居乐业。

一 社会经济发展迅速

从农牧业发展角度来讲,珞巴族从过去的刀耕火种到2011年

---

[1] 《大山民族》。
[2] 《2010南伊乡年度工作总结》,中共南伊乡党委,南伊珞巴民族乡人民政府,2010。

农作物播种总面积达到 1446.02 亩，其中粮食播种面积 1035.7 亩、油菜 262.68 亩、其他作物 79.02 亩，粮油总产量达 181.7 吨。蔬菜及青饲料产量 127.87 吨、牲畜总数 2663 头（只）、肉类总产量 54.95 吨、酥油产量 20 吨、家禽 1910 只、蛋类产量 11.4 吨；牲畜出栏率 31%，出售家禽 1185 只。① 另外乡政府还发展温室大棚种植草莓、西瓜、西红柿、辣椒等市场销售较好的瓜果蔬菜。积极种植特色项目，例如：在南伊村，群众个人投资 66% 和政府投资 10% 发展了一家综合养殖场；2012 年 5 月南伊村试种黑木耳 10000 棒；在琼林村种植灵芝菌 50 亩及藏野猪的养殖等。调查发现，截至 2012 年，当地政府发展藏鸡养殖户 8 户、珞巴养鸡户 2 户，在琼林村和才召村发展了 13 户犏奶牛养殖户。②

从旅游发展来讲，南伊乡境内独特的旅游资源已被列为米林县重点民族生态旅游风景区。"南伊珞巴民族乡还依托南伊沟秀美的自然环境和珞巴族独特的民族文化，搞起了旅游业，已成功举办了南伊珞巴民俗节和黄牡丹旅游节，不仅宣传了珞巴族文化，扩大了影响，还增加了新的致富渠道。"③ 2011 年南伊沟景区已被评为国家 4A 级景区，乡政府鼓励农牧民群众农闲时在景区内摆摊设点出售土特产品，扶持农牧民在自家建"农家乐"及"农家旅馆"，调查发现目前景区"天边牧场"及周围已开办农家乐和农家旅社 6 家，有 5 家小卖部销售各种各样的珞巴族首饰与本地产的冬虫夏草，仅旅游商品饮食业就为该乡创收 54 万余元。

从人居环境来讲，南伊乡自 1985 年从深山老林搬迁到现在的新址，搬迁前，全村群众仍然处于刀耕火种、结绳记事的原始生活

---

① 《2010 南伊乡年度工作总结》，中共南伊乡党委、南伊珞巴民族乡人民政府，2010。
② 《2011 南伊乡年度工作总结》，中共南伊乡党委、南伊珞巴民族乡人民政府，2011。
③ 陈立明：《门巴族、珞巴族的历史发展与当代社会变迁》，《中国藏学》2010 年第 2 期，第 91 页。

状态，照明靠松香点灯，兽皮裹身，半饥半饱。搬迁后，党中央、国务院对珞巴群众给予了极大的关怀，在各项惠民政策的强力推动下，特别是"兴边富民"工程实施10年来，经济社会得到了长足发展，2001年以来，南伊乡的人均收入一直保持每年按16%的增长速度递增。① 新房建设与改造工程已于2010年全部完成，全乡三个村的人居环境得到了很大的改观和不断完善。全乡103户农户已完成96户农房改造任务②，各项基础设施也基本配备齐全，全乡3个行政村全部实现了通电率100%，通车率100%，广播电视、移动网络覆盖率100%，自来水入户率90%，完成沼气清洁能源建设两个村（南伊、才召），各村都有一个"万村千乡市场工程"点，建立外宣点一个，"农家书屋" 3个。

二 教育、卫生事业长足进步

历史上珞巴族教育从无到有，不断进步，米林县南伊珞巴民族小学，是米林县唯一的一所珞巴民族小学。1975年由解放军某部队创建，原名为"南伊村军民共建小学"，结束了珞巴族本地没有学校的历史。"1978年移交米林县教育局管理，同时改名为'南伊公社小学'。1988年南伊乡成立时，又更名为'南伊珞巴民族小学'。1988年由米林县政府投资56万元，建成现有的学校。学校占地面积为21975平方米，建筑面积为2269.78平方米，设有会议室、德育室、办公室、学生电脑室、少先队活动室、图书阅览室等。"调查发现2012年南伊乡完小教职员工16人，其中珞巴族1人，藏族7人，门巴族2人，汉族6人。现有5个教学班级，学生87人，其中藏族学生占40%、珞巴族学生占50%、门巴族及其他

---

① 《2011南伊乡年度工作总结》，中共南伊乡党委、南伊珞巴民族乡人民政府，2011。
② 《大山民族》。

民族学生占10%，开设的课程有藏语、汉语、数学、英语、信息技术、体育、美术、音乐等。适龄儿童入学率95%，在校生巩固率100%，教育"三包"经费到位率100%。初中适龄少年入学率100%、巩固率99%。①南伊乡小学只有5个年级，每年级一个班，到了第六年，学生们都要到县里上小学六年级，是为了确保学生的升学率。

南伊乡现有卫生院一所，是民主改革以来，在当地政府和驻地部队的帮助下建立起来的，目前规模不断扩大，医疗条件不断提高。珞巴族也逐步接受现代医疗并愿意有病到医院而不是过去那样去看"巫师"。除有卫生院一所，还有村级卫生室一个，为了提高医务人员的医术水平和服务质量，乡政府加大了对卫生院职工的管理和培训力度。乡里还经常组织卫生院工作人员深入村庄对传染病、地方病和农村常见病、多发病进行讲解，增加群众卫生预防观念。"新型农牧区合作医疗制度改革扎实推进，合作医疗账户覆盖率100%，个人缴费率100%，报销率100%，农牧民群众人人享有最低医疗保障。"②

第四节　调查对象的基本特征和现状分析

一　调查对象的基本状况

（一）民族

本次调查地点是林芝地区米林县南伊珞巴民族自治乡3个行政

---

① 2011年南伊乡完小年度工作总结。

② 同上。

村即南伊村、琼林村和才召村。三村共有女性262人，15~55岁女性有159人，珞巴女性占68.7%，藏族女性占25%，门巴女性占6.3%。本调查对象仅为珞巴族女性，因此排除藏族、门巴族及在各省市学习的学生及出差的工作人员，以及长期在山上挖虫草的女性，其余妇女基本上接受了调查，因此珞巴族妇女在被调查者中所占比例是比较高的。

（二）年龄结构

本文将此次调查者年龄分为七组，其中31~40岁组人数相对其他组人数较多约占31.8%，其次是41~50岁组人数占27.3%；21~25岁组人数占16.7%；51岁以上占13.6%；26~30岁占7.6%；15~20岁占1.5%；15岁以下0%，缺失1.5%。

（三）婚姻状况

此次调查的婚姻情况为"已婚、未婚、离婚、再婚、丧偶"五种情况，全部被调查者在这五种婚姻情况中所占比例分别为84.4%、6.0%、1.5%、1.5%、3%。缺失3.6%。

（四）家庭情况

此次调查的103户家庭平均人口4人，最低人口为1人，最多为10人。被访者中36.4%的女性是户主并有收入来源，74%是农民。年平均收入在10000元以上比例为55%，7000~10000元为16.6%，4000~7000元为9.1%，1000~4000元为5.5%，低于1000元的比例为3%。缺失10.8%。

（五）物质生活状况、住房状况

受访对象家庭拥有各种用具及家用电器的百分比如下：铁炉子99%、电视97%、手机88%、DVD机80%、摩托车54%、拖拉机27.6%、汽车18.4%、冰箱13.1%、洗衣机5%、电脑3.5%、缝纫机3.2%，1.3%的家庭使用太阳能。住房情况比例：47%的家庭参与新农村房屋建设并拥有新房，该新房的经费50%由政府出资；

33.3%家庭属自建房居住者；22.8%家庭的房屋构建经费完全由政府出资建设。目前100%的家庭通电和通水。

二 珞巴族社会性别角色与妇女地位

民主改革以来，珞巴族妇女打破了昔日束缚，摆脱了身上的重重枷锁，不再被人歧视，被丈夫虐待和买卖，她们同男人一样，既是家庭的主人，又是生产建设的主力军。在构建和谐社会的今天，珞巴妇女参与政治、经济活动有了更广阔的天地。随着社会的变迁和发展，妇女地位的变化是显著的，主要表现为六个方面。

（一）妇女的社会政治和法律地位

妇女的政治地位是妇女社会地位较为重要的一个方面，妇女政治地位的现状主要以妇女参政情况来体现以及妇女的权利意识、参与社会活动的意识等，而妇女的法律地位既是衡量妇女社会地位的重要标志，也是妇女获得一定社会地位的保障。[1] 1959年西藏平定叛乱及实行民主改革后结束了西藏黑暗的农奴制，特别是改革开放以后，邓小平明确提出了"实行民族区域自治的关键是使少数民族地区发展起来"。1984年，中国颁布实施了《中华人民共和国民族区域自治法》，将民族区域自治制度确立为国家的一项基本政治制度。改革开放以来，中央政府实施了关心珞巴族的各种优惠政策。例如：国家投资，完成第一次整村改造，告别住木房的日子；完成50岁以下人口的脱盲任务；农牧民享受财政补助优惠政策及边民优惠政策，得到福建和厦门的对口支援经费300多万元[2]等，并制定了一系列加快少数民族发展的优惠政策和措施，有力地推动了珞巴族的经济发展和社会进步。依据

---

[1] www.women.org.cn.
[2] 《大山民族》。

中华人民共和国法律,在本土内不分民族、职业、家庭出身、宗教信仰、教育程度、财产状况、居住期限,妇女享有与男子平等的政治权利、文化教育权利、劳动权利、财产权利、人身权利、婚姻家庭权利。妇女有权依照上述法定权利,维护自己的合法权益。

此次调查发现,对妇女从政的看法:51.5%的妇女支持和同意女性从政而且都觉得女性应该从事政治活动,69.7%妇女认为妇女应该积极参与社区和村级各种活动,69.7%的妇女参加农村科技培训,69.7%的妇女关心国家大事,每晚必看中央电视台《新闻联播》,对传统男女性家庭角色的看法45.5%不赞同,见表3-1,3-2,3-3,3-4。

表3-1 妇女对从政的看法

是否同意妇女从政	人数	百分比
同 意	34	51.5
很同意	2	3.0
不同意	24	36.4
很不同意	1	1.5
缺 失	5	7.6

数据来源:田野调查。

表3-2 男主外女主内的看法

同意男外女内的说法	人数	百分比
同 意	20	30.3
不太同意	30	45.5
坚决不同意	2	3.0
无所谓	1	1.5
缺 失	13	19.7

数据来源:田野调查。

表 3-3　妇女参与社区或村里活动

是否参加社区或村里的活动	人数	百分比
不参加	1	1.5
极少参加	4	6.1
积极参加	46	69.7
应该参加	3	4.5
强制参加	0	0
缺　失	12	18.2

数据来源：田野调查。

表 3-4　妇女参与农业技术培训

是否参加农业技术培训	人数	百分比
不参加	3	4.5
极少参加	5	7.6
积极参加	46	69.7
应该参加	6	9.1
强制参加	1	1.5
缺　失	5	7.6

数据来源：田野调查。

另外，30.3%珞巴女性认为目前拥有家庭财产继承权，30%妇女认为婚后有财产继承权，47.9%妇女认为婚姻有自主权，95.5%妇女认为女性受教育非常重要，77.3%妇女认为女性受教育后对女性就业有信心，妇女的经济地位受到法律保护。一些有能力、有文化、有贡献的珞巴妇女被选为人民代表和政协委员，参与管理国家和社会事务，积极为珞巴的发展献计献策。2012年年底南伊乡机关在职干部为24人，其中女性干部为13人，珞巴族3人。以上数据说明了几十年的社会发展使珞巴妇女的政治思想和家庭权利意识发生了巨大变化。

（二）拥有接受教育的权利

女性社会地位特别是政治和经济地位的提高，与女性本身的文化素质有着很大的关系。教育对于女性解放起着关键的作用，通过接受教育，可以显著提高智力水平和道德素质。可以说，接受教育是女性发展的基础和地位提升的前提条件，也是女性地位提高的一个标志。我国1986年7月1日施行的《义务教育法》规定："国家实行九年义务教育"，1995年9月1日施行的《教育法》规定："各级人民政府采取各种措施保障适龄儿童、少年入学。适龄儿童、少年的父母或者监护人以及有关社会组织和个人有义务使适龄儿童、少年接受并完成规定年限的义务教育。"我国《妇女权益保障法》还就女性的文化教育权益做了更为详细的规定。

民主改革前，由于没有一个学校包括私塾学校[①]，珞巴族不管男女老少都没有受教育的机会，他（她）们接受的教育基本上是家庭行为规范、劳动技能等传统常识。民主改革以后，珞巴族女性已有权利受教育并且受教育程度有了很大改观，入学率不断提高，文盲率不断降低，妇女的教育水平不断提高，接受过高等教育的比例越来越高。珞巴族妇女受教育程度跟其他地方一样，与年龄关系很大。基本上是年龄越大其受教育程度越低，相反年龄越小受教育程度越高，当然这也是由时代条件决定的。

此次调查，15～55岁受教育情况分为"文盲、小学、初中、高中、大专、大学、研究生及以上"共七个等级，结果显示，在各级受教育水平中人数最多的是小学文化程度的女性，所占比重为30.3%，其次为本科生人数占9.1%，初中文化程度的女性人数占

---

① 娅杰口述。

7.6%，大专生占 3%，研究生占 0%，文盲和半文盲比重占 33.3%，明显高于其他受教育程度（见表 3-5）。相比于珞巴男性，女性文盲多于男性。其主要原因是珞巴族依然保持女性早婚持家的习俗。

表 3-5　珞巴族妇女受教育程度

教育程度＼各年龄段	15～20岁	21～25岁	26～30岁	31～40岁	41～45岁	46～50岁	比例（%）
文盲与半文盲		1	2	3	8	8	33.3
未上过学但认字				1	1	3	7.6
小学	6	5	5	3		1	30.3
初中	3	1	1				7.6
高中	3	1					6.1
大专	1	1					3.0
本科及以上		4	1	1			9.1

数据来源：田野调查。

截至 2011 年年底，南伊乡 0～12 岁儿童 136 人；12～17 岁儿童 61 人；上小学人数 87 人，其中女生 79 人，初中包括县中学和内地初、高中学生 41 人，其中女生 25 人，大学生 27 人，其中女生 10 人。如今珞巴族学校培养了一大批优秀人才，妇女们也愿意把小孩送到学校接受教育。由于国家对少数民族有特殊的政策，特别是年轻的核心家庭非常注重对子女的教育，例如，十二年义务教育，对学生的三包政策，高考有分数上的优惠等使得较多的珞巴青少年考上内地初中、高中及大学就读，每年女性上学率大大提高。调查发现：56.1% 女性认为过去（六七十年代）男孩受教育重要，10.6% 的女性认为男女教育都重要。而如今 95.5% 的妇女认为子女教育是非常重要的，1.5% 的妇女认为女性教育非常重要，1.5% 的妇女认为无所谓。

66.7%的女性认为过去妇女地位低下谈不上受教育,社会不重视女孩教育都是传统思想引起的,9.1%的妇女认为女孩迟早要嫁人不需受教育。77.3%的女性认为女孩受教育后对就业有信心,6.1%的女性认为较有信心,而3%的女性认为没有信心。89.4%的女性认为男女受教育是平等的,3%的女性认为不同家庭受教育程度也有差异性。

(三) 妇女的经济地位

妇女参与经济活动的一个重要标志就是妇女获得了经济独立,提高了妇女的地位。许多研究人员认为妇女的经济地位一般从两个角度进行衡量:一是从社会角度,妇女能够同男子一样平等地参与社会经济活动,从而获得平等的经济收入;另一角度是家庭,妇女在家庭中有独立决策、支配收入的经济权利,有获得财产的继承权利,摆脱对丈夫或他人的依赖,从而提高妇女在家庭和社会中的地位。在社会经济发展活动中的男女平等政策,给女性以平等的政治、经济、文化权利。有的妇女走出了家门,参加识字,学文化,学科技,夫妻在家庭中也是平等地承担家务,平等决定家庭大小事,平等地参加政治生活,以及平等享有经济文化的权利。

调查显示:在南伊乡调查的66个珞巴家庭中,有36.4%的家庭妇女是户主,12.1%的家庭女性从事专业技术工作,9.1%的家庭女性从事商业服务工作,7.6%的家庭女性在党政机关工作。妇女的主要收入来源与家庭年均收入如表3-6和表3-7所示。过去92%以上的妇女从事农业生产,如今妇女除了农业之外还从事商业及旅游业活动,包括药材买卖、虫草生意、旅游饰品的销售等(见表3-8),劳动强度也随着现代化工具的产生而降低(见表3-9)。说明妇女参与经济活动的意识发生了变化。

表3-6 妇女主要收入来源

从事的职业	人数(人)	比例(%)
农 业	20	30.3
牧 业	6	9.1
林 业	5	7.6
做买卖	16	24.2
副 业	1	1.5
外出打工	2	3.0
做工艺产品	0	0
旅 游	1	1.5
其 他	9	13.6
缺 失	6	9.1

数据来源：田野调查。

表3-7 家庭年均收入

年均收入	人数(人)	比例(%)
1000元以下	2	3.0
1000~3000元	3	4.5
3001~6000元	4	6.1
6001~9000元	9	13.6
9001元以上	43	65.1
缺 失	5	7.6

数据来源：田野调查。

表3-8 过去和现在妇女从事的主要活动对比

主要的活动	过去(%)	现在(%)
农 业	92.4	60.6
林 业	0	1.5
买卖药材	2	4.5
参与旅游活动	0	15.1
在外打工	0	4.0
全职太太	0	6.0
公务员	0	7.6
缺 失	5.6	2.0

数据来源：田野调查。

第三章
珞巴族妇女的社会生活状况与社会变迁

表3-9 过去和现在妇女从事劳动强度的对比

过去和现在的劳动强度	人数(人)	比例(%)
增　加	11	16.7
减　少	47	71.2
没有变化	2	3.0
不知道	1	1.5
其　他	0	0
缺　失	5	7.6

数据来源：田野调查。

(四) 妇女的婚姻家庭状况

民主改革之前，珞巴族家庭中女性承担着繁重的家务劳动和生产劳动，照顾老人与小孩等，即便这样在家庭决策方面和劳动分工上女性没有一点发言权，财产继承权最终归男子所有，而且在婚姻方面禁止与外族通婚特别是忌讳与藏人结婚，认为是珞巴族完全不能忍受的行为。与外族结婚的妇女不仅在氏族中被族人看不起，甚至家里人也觉得丢尽家族人的面子，该妇女在氏族等级制度中降为最低等级。[①] 因此，女性在家庭中没有决策和发言权之外，婚姻也没有自由，地位非常低下。

此次调查资料显示：59.1%的妇女认为过去在家庭中受到歧视，72.6%的妇女认为不能与异族通婚，66.7%的妇女认为不能与藏族通婚，婚后夫妻关系不平等占66.6%，62.1%的妇女认为离婚和丧偶的妇女是低贱的被氏族看不起，56.1%的妇女认为不能生育的女性在氏族社会和家庭中受到歧视和不公正的待遇。而如今，在这一方面有了大大的改观，特别是婚姻上父母尊重孩子的选择，自

---

① 娅柏口述。

由恋爱，允许与异族通婚，小孩随父姓的比例从过去的92.3%下降到64%（见表3-10）。目前在南伊乡与异族通婚的家庭有20户，其中与藏族通婚的10户，与门巴族通婚的6户，与汉族通婚的4户。说明了较多的珞巴人对婚姻的宽容度，丢弃了世俗婚姻观念。

表3-10 妇女在婚姻中的今昔地位对比

各 项	民主改革之前(%)	民主改革之后(%)
婚姻决定权（父母决定）	77.8	37.9
夫妻关系不平等	66.6	43.0
对丧偶妇女的歧视	50.0	12.0
对离婚妇女的歧视	62.1	12.1
不能与异族通婚	72.6	4.5
没有家庭财产继承权	87.8	16.3
看不起没有生育能力的妇女	56.1	4.5
小孩随父姓	92.3	64.0

数据来源：田野调查。

（五）妇女在家庭中的地位

从民主改革到改革开放，在西藏整个社会转型和实践过程中，珞巴妇女无论在政治方面还是在经济方面，都能以平等身份与男子一起参加会议及活动。由于信息化和社会城市化进程，家庭中的男女角色也发生了巨大的变化，妻子与丈夫共同承担和管理家庭的经济和重大决策的问题，从而提高了妇女在家庭中的地位，也促进了男女平等。调查显示：75.8%家庭的妻子承担各种家务劳动，7.5%的家庭是共同承担家务劳动，仅有6%的家庭的家务活是由丈夫承担的，少数家庭家务劳动由子女和老人承担，有1户家庭其家务劳动由其他人承担。与传统相比，我们可以看出家务劳动承担人员多元化，妇女地位发生根本性变化，家庭成员在劳动分工方面总体比较民主（见表3-11）。对于能够反映珞巴族妇女地位的另一重大方面则是家庭决策权和经济权。我们从调查中发现，其家庭决策权由妻子或夫妻共同决定的比例，分别为30.3%和25.8%；有50%的家庭经济大权由妻子掌握，仅有7.6%的家庭由丈夫掌握经济大权，12.1%的家庭是由夫妻共同管理家庭经济。从这些方面我们可以看出妇女既是家里主要家务的承担者，同时也是该家庭的主要决策者和掌握经济大权的管理者。由此反映出现代珞巴族妇女的家庭地位不仅提升了，而且有些家庭妇女地位有了质的飞跃。（见表3-12和表3-13）。

表3-11　家庭成员主要从事家务活动

	总户数	丈夫	自己	共同	女儿	儿子	老人	其他	缺失
家里活动主要靠谁	66	4	50	5	0	1	2	1	3
百分比	100	6.1	75.8	7.5	0	1.5	3.1	1.5	4.5

数据来源：田野调查。

表3-12　家庭决策情况

	总户数	丈夫	自己	共同	女儿	儿子	老人	其他	缺失
家庭决策权	66	13	20	17	0	4	3	6	3
百分比	100	19.7	30.3	25.8	0	6.1	4.5	9.1	4.5

数据来源：田野调查。

表3-13　家庭中掌握经济大权

	总户数	丈夫	自己	共同	女儿	儿子	老人	其他	缺失
家里钱财支配权	66	5	33	8	1	3	3	8	5
百分比	100	7.6	50	12.1	1.5	4.5	4.5	12.1	7.6

数据来源：田野调查。

(六) 医疗条件的改善

在过去，由于整个社会经济发展严重滞后，没有一所医院，加上受教育程度的限制，妇幼卫生没有更多、更好的项目支持和保证，妇女保健机构基础设施条件缺乏、陈旧，甚至一些基本的妇女常规检查的医疗设备都没有。专门从事妇幼保健并且医术较高的人员则少之又少，特别是某些较偏远的地区，根本就没有相应的卫生技术人员，妇女的健康就全依靠乡村医生的经验，这直接影响了妇女的健康。珞巴族人一旦生病就请"巫师"杀鸡看肝的卦算形式治病，既耽搁病人的医治时间，而且卦算还要杀较多的家畜来祛除病人身上魔气。因此，很多较贫穷的珞巴人一般请不起"巫师"，有病自己扛着，对一个家庭来说杀牲畜是该家庭经济的最大损失。另外，妇女生育小孩基本在家自然生育，又没有节育措施，因此一个家庭有7、8个孩子是很正常的事情。我们在琼林村调查时发现，一个珞巴妇女一辈子生了32个孩子，由于医疗条件的问题仅存活了14个，即出生率高死亡率也高。

与过去相比，如今珞巴族妇女到最近的医务所就医一般仅需步行5~10分钟，到最远的县医院需30分钟，况且每家都有汽车或摩托车，去医院是非常的方便。医疗基础设施比较完善，调查中所有妇女都参加了合作医疗社，这说明珞巴族妇女的医疗健康有了最基本的保障，患病、生育孩子基本上到医院就医（占60.6%），求"巫师"的比例大大减少，仅占7.6%。妇女本身对看病也有积极主动的意识。目前南伊乡有卫生院一所，医护人员2名，病床位10张，配备了小儿吸痰器、显微镜、呼吸复苏机等常规医疗器械，另有村卫生室一个。南伊乡作为米林县计划生育优质服务试点站，不仅满足了该乡育龄妇女生殖保健的需求，还宣传优生优育的知识，特别是母乳喂养的好处及幼儿接种疫苗的知识，从而改变了育龄妇女的生育观念和自然生育的状态，并为该乡105个育龄妇女全部建立了健康档案。现在该乡综合节育率为80%,60.6%的妇女生育选择医院,新生儿成活率98%,儿童疫苗接种率99%。参见表3-14至表3-17。

表3-14 生病时是否先求"巫师"

生病时是否先求"巫师"	人数(人)	百分比
没有	56	84.8
有	5	7.6
缺失	5	7.6

数据来源:田野调查。

表3-15 孩子生在哪里较好

觉得孩子生在哪里较好	人数(人)	百分比
家里	12	18.2
医院	40	60.6
牲畜圈栏里	0	0
无所谓	1	1.5
缺失	13	19.7

数据来源:田野调查。

表3-16 妇女对优生优育的知晓率

了解优生优育的知识吗	人数(人)	百分比
知道一些	18	27.3
很清楚	4	6.1
不是很清楚	3	4.5
不清楚	6	9.1
缺失	35	53.0

数据来源:田野调查。

表3-17　妇女对母乳喂养好处的知情状况

是否知道母乳喂养的好处	人数(人)	百分比
知道些	44	66.7
知道,很清楚	3	4.5
不是很清楚	6	9.1
不知道	0	0
缺　失	13	19.7

数据来源：田野调查。

卫生知识对于个人健康也很重要，而卫生知识的来源很大程度上影响到个人对卫生知识的获知和理解。调查得知：珞巴族妇女的卫生知识主要来源于电视、乡村医生、广播、报刊、亲戚朋友等。其中，大多数人通过乡村医生获知妇女卫生知识，例如77.3%的妇女知道节育知识，有66%的妇女采取节育措施，65.2%的妇女参加产前检查，而产后66.7%的妇女知道给小儿接种疫苗重要性等（见表3-18）；电视也成为获知卫生知识的一大主要途径，特别是问到是否知道艾滋病的危害时，27.3%的妇女知道；亲朋好友之间相互传播卫生知识也很普遍；而学生与学校教育这一途径并不占很大比例，主要是因为受调查人群年龄较大的人数很多且多半受教育程度较低；阅读报刊也不是很普遍，见表3-19、表3-20。

表3-18　知道孩子按时接种疫苗的重要性

是否知道孩子按时接种疫苗的重要性	人数(人)	百分比
知道些	44	66.7
知道,很清楚	3	4.5
不是很清楚	2	3.0
不知道	4	6.1
缺　失	13	19.7

数据来源：田野调查。

表 3-19　妇女卫生知识主要来源

妇女卫生知识主要来源	人数(人)	百分比
广　播	3	4.5
学生和学校教育	2	3.0
电　视	22	33.3
乡村医生	19	28.8
报　刊	5	7.6
亲戚朋友	5	7.6
专家咨询	1	1.5
其　他	9	13.6
缺　失	1	1.5

数据来源：田野调查。

表 3-20　妇女对节育知识的知晓率

您知道节育的知识吗	人数(人)	百分比
知道一些	51	77.3
很清楚	2	3.0
不是很清楚	0	0
不清楚	3	4.5
缺　失	10	15.2

数据来源：田野调查。

表 3-21　采用节育措施的妇女比例

您采取节育措施吗	人数(人)	百分比
采取过	44	66.7
是丈夫采取	0	0
没　有	11	16.7
缺　失	11	16.7

数据来源：田野调查。

表 3-22 产前检查率

您产前去医务所检查吗	人数(人)	百分比
不去,没有必要	12	18.2
不去,没钱	0	0
去	43	65.2
不知道检查	0	0
缺　失	11	16.7

数据来源：田野调查。

健康教育对妇女健康十分重要，而妇女对健康教育的主观需求可以反映出现有医疗条件与卫生状况。从调查中我们发现大部分珞巴族妇女对预防妇女常见病、子女家庭教育的主观需求不是很高；对预防农药中毒、预防传染病、营养与饮食卫生、生理卫生知识，一半以上妇女有主观需求，有强烈需求的不多；大部分妇女对慢性非传染性疾病的防治和住宅建筑卫生有较高的需求，少数妇女无主观需求；通过调查显示珞巴族妇女对环境保护的需求非常强烈，但也有7.7%的妇女对此无需求。说明目前从事农业的妇女数量减少，更多的是从事商业买卖活动，而且安居房的建设使许多妇女关注住宅周围的卫生及慢性非传染性疾病的防治（见表3-23）。

表 3-23 妇女对健康教育的主观需求

单位：%

内容	需要	一般需要	强烈需要	不需要
预防妇女常见病	46.2	34.6	3.8	15.4
预防农药中毒	23.1	34.6	7.7	34.6
子女家庭教育	46.2	34.6	7.7	11.5
预防传染病	26.9	34.6	7.7	30.8
营养与饮食卫生	38.5	26.9	3.8	30.8
慢性非传染性疾病的防治	15.4	19.2	23.1	42.3
生理卫生知识	19.2	42.3	3.8	34.6
住宅建筑卫生	26.9	23.1	26.9	23.1
环境保护	38.5	11.5	42.3	7.7

数据来源：田野调查。

对于传染病对健康的威胁,54.5%的妇女认为知道一些,84.8%的妇女认为知道卫生健康知识,51.5%的妇女认为家里母亲最应该知道卫生知识以便对小孩儿进行卫生教育,27.3%的妇女知道性病和艾滋病的危害,大多数是从电视宣传中得到这方面知识的。见表3-24至表3-27。

表3-24 知道传染病对健康的威胁

是否知道传染病对健康的威胁	人数(人)	百分比
知道些	36	54.5
知道,很清楚	6	9.1
不是很清楚	3	4.5
不知道	7	10.6
缺 失	14	21.2

数据来源:田野调查。

表3-25 日常卫生健康知识

是否知道日常卫生健康知识	人数(人)	百分比
知道些	56	84.8
知道,很清楚	3	4.5
不是很清楚	1	1.5
不知道	0	0
缺 失	6	9.1

数据来源:田野调查。

表3-26 对性病和艾滋病危害的了解程度

对性病和艾滋病危害的了解程度	人数(人)	百分比
知道些	18	27.3
知道,很清楚	5	7.6
不是很清楚	4	6.1
不知道	24	36.4
缺 失	15	22.7

数据来源:田野调查。

表 3-27　家里谁了解健康知识更重要

家里谁了解健康知识更重要	人数(人)	百分比
父　亲	8	12.1
母　亲	34	51.5
丈　夫	2	3.0
妻　子	4	6.1
孩　子	3	4.5
缺　失	15	22.7

数据来源：田野调查。

对妇女个人卫生健康的知晓率，66.7%的妇女认为知道经期的卫生，45.5%的妇女知道怀孕期间的保健，但同时她们认为没有必要刻意去重视这些（见表3-28、3-29）。

表 3-28　知道经期的卫生知识吗

您知道经期的卫生知识吗	人数(人)	百分比
知道些	44	66.7
知道,很清楚	6	9.1
不是很清楚	6	9.1
不知道	1	1.5
缺失	9	13.6

数据来源：田野调查。

表 3-29　知道孕妇保健知识

是否知道孕妇保健知识	人数(人)	百分比
知道些	30	45.5
知道,很清楚	4	6.1
不是很清楚	12	18.5
不知道	5	7.6
缺失	15	22.7

数据来源：田野调查。

第四章　对珞巴族妇女性别角色及妇女地位的思考

在自然生活中，总是强调男性凭借体力的优势征服自然，尤其是在人类社会发展的初期，而妇女却办不到。"当男性承担着征服和创造性的工作时，女性被赋予持家为仆的任务，所承担的社会分工被认为是次要的、附属的。由于经济上的不独立和生活圈子的狭小，妇女便天经地义地依附于自己身边的男性——父亲、丈夫或儿子。"① 女人应该成为拥有独立人格的主体，而不是依附于男人的客体或他者，所以随着社会经济的飞速发展和法制建设的不断进步，妇女的思想观念开始迈入一个崭新的阶段。她们开始对自己在社会、家庭中的地位表示不满，同时表现出想过属于自己的生活：不再依附于丈夫，不被孩子所羁绊，勇敢地走出家庭，冲破宗教、传统思想等对她们的束缚，投入到有限的社会劳动中，并给自己赢得经济和精神上的独立，成为按照主体意识的引导去实现自我追求的独立女性。同样，珞巴族妇女也与社会上大部分妇女所期望的一样，真正成为一个独立的个体，摆脱家庭和心灵的束缚，有自己的快乐生活，而不是男性社会的装点和附属。

本次调查认为在反映妇女地位提高的各项指标中，家庭地位的指标值是最高的。女性的家庭地位和责任与角色的变化，"最重要

---

① 谷红丽：《女性主体意识的建构与解构》，《觉醒》2002年第1期，第54~56页。

的是在于女性对于自身角色的定位,在承传和发展民族优良文化传统的同时确立现代、文明、开放、民主和法治的新观念,确立自信、自强、自立、自主的新意识"①,从而使女性在家庭中的地位和责任与社会经济现代化同步。同样,珞巴族妇女也与其他民族妇女所期望的一样,真正成为一个独立的个体,摆脱家庭和心灵的束缚。其表现有以下四个方面。

首先,从恋爱和婚姻角度来看,现代珞巴族青年男女是平等自由恋爱,女子不受制于男子,不限于异族通婚,也不会考虑经济的原因或家庭的压力,具有完全婚姻自主权,对婚姻状况具有较大的满意度,父母对子女的婚姻大事也基本上持理解的态度,与民主改革之前相比有了翻天覆地的巨大变化。

其次,从家庭生产活动来看,妇女起着极为重要的作用,她们在家庭经济生活中的地位也无法取代。主要表现在妇女对财产的继承权,她们希望有自己独立的经济收入,对于家庭事务有主动参与的决策权,与丈夫一起决定家庭大小事务和掌握家中的经济权,对财产拥有继承的权利。

再次,从受教育水平来看,女性受教育的总体趋势随年龄变化而文盲率减少。从生育意愿看,珞巴妇女有近半数人希望要两个孩子(一个男孩一个女孩),表明女性的生育观念不受劳动生产对男性劳动力的高需求的限制。

最后,从社会性别观念看,87.9%以上的珞巴妇女认为男女平等,89.4%认为男女受教育的权利平等,71.25%认为当今社会男女地位基本平等,62.1%希望自己今后的生活是家庭和事业兼顾。

从以上情况来看,珞巴族在近60多年社会发展过程中,妇女

---

① 彭珮云:《在中国妇女就业论坛开幕式上的讲话》,2002年12月15日。

第四章 对珞巴族妇女性别角色及妇女地位的思考

的地位发生了翻天覆地的变化，妇女不仅是家庭主要家务的承担者而且如今可以当家做主。从整体问卷调查和访谈中，课题组自始至终感觉到珞巴妇女的勤劳、善良、聪慧，她们的持家能力和社交能力甚至超过珞巴男性。但她们的思想意识中仍然保存着传统的性别角色意识，86.4%的珞巴妇女认为因男女在生理上的差异，男性应该以事业为主，负起男性应该负起养家糊口的责任，例如，在外打工、跑运输、做生意等；而女性应该以家庭为重，相夫教子，照顾老人等。调查发现，74.2%的妇女表示男女社会分工合理，15.1%认为不太合理或不合理（见表4-2），24.2%的妇女认为家庭劳动分工不合理（见表4-4）。从以上数据可以看出珞巴妇女对男女分工还是较满意的，但不同于过去的是她们需要男人的尊重，肯定她们在家庭劳动中的付出，需要思想和行为的平等。调查数据显示：43.9%的妇女认为妇女的地位发生很大的变化，47%的妇女认为妇女地位改善许多；70.2%的妇女认为自己对生活的应付能力较强，63.6%的妇女认为若有在外打工的机会她们愿意在外打工为家庭经济做出贡献，这就说明了珞巴妇女的守土思想观有较大的转变。珞巴妇女经济的独立促进了妇女家庭地位的提高，过去以夫权和家长制为代表的传统家庭关系已逐步被平等、民主、和睦的现代家庭关系所代替。过去，家务劳动全部由妻子承担；现在，由夫妻双方共同承担家务劳动的家庭，已占珞巴家庭的绝大多数。由夫妻共同决定家庭重大事务的家庭占多数。家庭与事业成为珞巴妇女生活中相辅相成的两个组成部分。她们精心培育子女，以良好的行为和风尚影响家庭，在提高家庭生活质量、促进家庭和睦中发挥着主导作用。在选择最能体现女性的价值这一问题时，68.2%的妇女选择了家庭和谐（见表4-3），说明了妇女还是以家庭为主，普遍存在"家庭和谐我幸福"的思想，体现了女性内心深处对家的渴望。

表4-1 男女之间智力、体质、心理上是否存在差异

男女之间智力、体质、心理上是否存在差异	人数(人)	百分比
有较大差异	4	6.1
有差异	53	80.3
没有差异	2	3.0
不清楚	2	3.0
缺 失	5	7.6

数据来源：田野调查。

表4-2 社会上男女分工是否合理

社会上男女分工是否合理	人数(人)	百分比
非常合理	3	4.5
合理	49	74.2
不太合理	9	13.6
不合理	1	1.5
缺失	4	6.1

数据来源：田野调查。

表4-3 最能体现女性的价值

最能体现女性的价值	人数(人)	百分比
家庭和谐	45	68.2
经济独立	3	4.5
事业有成	1	1.5
衣食无忧	2	3.0
缺失	15	22.7

数据来源：田野调查。

表4-4　男女在社会上的不平等

男女在社会上的不平等	人数	百分比
教育机会	8	12.1
工作机会	2	3.0
升职加薪	0	0
社会地位	37	56.1
法律保障	0	0
政治前途	3	4.5
家庭劳动分工	16	24.2

数据来源：田野调查。

思考：

南伊乡是唯一的珞巴民族乡，国家和地区政府对该乡的投资项目较多，另外对该乡的优惠政策非常之多，以至于一些家庭无劳动力单靠政府补贴生活，满足于现状。有些珞巴男性好酒，整天到县里喝酒聊天，无所事事，因此，家务劳动和养家的负担自然落到妇女身上，使妇女的身心负担更重。

调查中发现，珞巴男女青少年初中毕业后待业在家的情况较多，他（她）们一般以采冬虫夏草为生，而冬虫夏草的利润对该家庭影响较大。因此，家长也一般支持小孩退学。

通婚标志着社会的文明进步和文化的整合，而珞巴族人口不到3000，而普遍通婚是否会影响纯正珞巴人口发展，这有待于思考。

总而言之，女性地位的提升是社会文明进步的重要标志，特别是女性所受教育水平是女性本身主体地位的提升。经过60多年的社会、经济发展，珞巴妇女在政治、经济、教育、婚姻和家庭等各方面拥有较好的社会地位，她们更希望自己不再是围着三尺锅台转的家庭主妇，而是在政治上享有与男人同样的权利，成为社会的主人，在西藏甚至全国的政治舞台上贡献她们的聪明才智，共同推动社会进步。

参考文献

《2011南伊乡年度工作总结》，中共南伊乡党委，南伊珞巴民族乡人民政府，2011。

陈立明：《门巴族、珞巴族的历史发展与当代社会变迁》，《中国藏学》2010年第2期。

唐滢：《拉萨市妇女地位研究》，首都经济贸易大学硕士学位论文，2006。

《大山民族》，厦门援藏工作队和米林县委宣传部，2010。

谷红丽：《女性主体意识的建构与解构》，《觉醒》2002年第1期。

彭珮云：《在中国妇女就业论坛开幕式上的讲话》，2002年12月15日。

吉斯勒·鲍克：《妇女史和社会性别史：一场国际争论的多个方面》，英文载《社会性别与历史》1989年第1期。

王政、杜芳琴：《社会性别研究选译》，三联书店，1997。

杜芳琴：《父权制与现代性：中国妇女研究的历史语境》，《浙江学刊》2001年第1期。

杜芳琴：《中国社会性别的历史文化寻踪》，天津社会科学院出版社，1998。

〔法〕西蒙娜·德·波伏娃：《第二性》，中国书籍出版社，2004。

〔英〕索非亚·孚卡：《后女权主义》，文化艺术出版社，2003。

李小江等：《性别与中国》，三联书店，1994。

林聚任：《社会性别的多角度透视》，羊城出版社，2003。

罗慧兰：《女性学》，中国国际广播出版社，2002。

〔美〕L.达维逊、L.K.果敦：《性别社会学》，程志民等译，重庆出版社，1989。

魏国英：《女性学概论》，北京大学出版社，2000。

珞巴族简史编写组：《珞巴族简史》，西藏人民出版社，1987。

张再生：《社会性别与公共管理》，天津出版社，2011。

赵东玉：《性别理论的演变和性别角色的定义》，《文化学刊》2010年第1期。

周泓：《妇女人类学的社会性别与女性地位、权力研究》，《新疆师范大学学报》（哲学社会科学版）1999年第1期。

温蓉：《农村城市化进程中女性家庭地位实证研究——以湖北省的两个行政村为例》，西北民族大学硕士学位论文，2007。

阿玛蒂亚·森：《以自由看待发展》，中国人民大学出版社，2001。

戴维·波谱诺：《社会学》，李强等译，中国人民大学出版社，1999。

朱迪思·贝特纳：《社会性别和历史》，1989年秋季刊。

翁乃群：《转型社会中的中国妇女》，中国社会科学出版社，2004。

刘达临：《性社会学》，山东人民出版社，1986。

郑杭生：《社会学新修》，中国人民大学出版社，2003。

周颜玲：《有关妇女、性和社会性别的话语》，1998。

郑丹丹、杨善华：《夫妻关系"定势"与权力策略》，《社会学研究》2003年第4期。

朱江漫:《珞巴族妇女地位极为低下》,http://www.17ok.com,中华五千年,2009-10-16。

《珞巴族简介》,西南民族教育与心理研究中心。

周云水:《当代西藏米林珞巴族社会变迁的人类学考察》,《西藏民族学院学报》(哲学社会科学版)2006年第6期。

罗洪忠:《珞巴族的家庭形式和试婚习俗》,《西藏旅游》2000年第4期。

孙凌、张卫平、宋娅蒂:《妇女经济参与、能力建设与当代中国社会发展》,重庆市妇女社会发展研究中心。

www.baidu.com,中华民族史。

http://zh.wikipedia.org/wiki/.

Margaret Mead, *Sex and Temperament in Three Primitive Societies*, New York: Mentor, 1950.

www.women.org.cn.

www.weifang.edu.cn.

后 记

珞巴族，一个神秘的民族，一个让人激动的民族，一个有较多悲凉爱情故事的民族，一个让人向往的民族。当撰写和修改完成书稿的最后一行字时，心中不时想起在南伊乡的日日夜夜、分分秒秒的时光，想起大气十足的娅柏老阿妈（才召村），想起琼林村杰出的妇女主任娅夏，想起用哑语与我交流的淳朴的娅夏母亲，想起双目失明的达登老人（琼林村），想起聪敏能干的娅格妹妹（才召村），我们课题组只有以万分的感动和感激的心情来表达心中无限的感谢。

首先，非常感谢米林县中学的桑珠老师，是他让我第一次接触珞巴大山民族，让我有欲望去了解这个民族，特别是善良、聪慧、厚道、热情、美丽的珞巴妇女。

其次，感谢南伊乡政府的乡长玛亚，党支部书记陈永生，副乡长德吉央宗（珞巴族）以及晓勇（珞巴族）、扎旺、米玛的大力支持，没有他们的无私帮助，我们无法顺利地深入开展入户调查的各项工作。

再次，对林芝地区行署办公室驻南伊乡琼林村的工作队协助我们到琼林村调查，并提供相应的资料表示感谢。

最后，感谢所有热情的，淳朴的珞巴姐妹们，感谢她们热情地端上香美的酥油茶，让我们自始至终有家的感觉。

2013 年 2 月 26 日
于拉萨

附 录

口述1

采访时间：2012年5月16日13点

地点：才召村，娅柏家

娅柏：女，72岁，才召村。20世纪七八十年代任才召村妇女主任和大队副队长。

娅柏口述：我生在玛尼岗，印象中从未见过母亲，听父亲说我3岁时母亲已去世。8岁时哥哥背着我与父亲一起从玛尼岗回到西藏，走了两天两夜。记得听父亲说刚到米林时珞巴只有6个家庭户，当时在米林的一家藏族地主家里干活，我当过保姆，干过很多脏活累活，而且每年还要交税。交税不需交现金而是出劳动力，比如像我家一年有3天时间免费给他们家干活算是缴税，该领主对我们很一般，从未打过也从未虐待过。

16岁结婚，当时家里特别穷，哥哥要结婚买妻①，但家里没有迎亲的费用，所以我就嫁到嫂子家，我哥与我丈夫的妹妹结婚，这

---

① 民主改革之前乃至20世纪六七十年代，珞巴族还停留在较原始的社会生产、生活方式。婚姻中没有娶妻的概念而是男人用几头牛来买妻。买妻的费用也不是固定的，它会随着等级出身、家庭经济能力的不同而变化。

种婚姻形式在珞巴族的穷苦家庭中产生，叫交换婚姻。① 交换婚姻的好处是无须另外补偿，妇女处于从属地位，并成为男人的财产一部分，在经济上意义更明显，交换妇女婚姻这在珞巴族里通常可见。

过去珞巴族有根深蒂固的指腹为婚的等级婚姻观念，女性一定要嫁出去，而且必须是嫁到等级相同的家庭。高骨头与高骨头，低骨头与低骨头的家庭联姻，如果高骨头的女性与低骨头男性两情相悦结婚，那该女子从高头的等级降到低级。结婚后女性没有生育功能的在家庭里地位相当低，丈夫完全可以娶第二任妻子延续子嗣，如果第二任妻子有生育功能但未生男孩丈夫还可以娶第三任妻子再沿袭子嗣。未有生育功能的妇女在家庭里受到歧视，所有活由她干而且如果丈夫不高兴可以把该妇女卖掉。丈夫死后不管是第一任、第二任还是第三任妻子都没有任何继承家庭财产的权利。过去妇女的地位非常低，家里连说话的权利都没有，根本不当作人来看待，妇女相当于丈夫的财产，人与人要买卖，家里家外的大小事绝大多数都是男人们决定，妇女只是帮他们生儿育女的工具。我结婚时虽解放了，但生活还是相当苦，吃不饱，一天只能吃一顿饭，当时我们都是刀耕火种的生产方式，又累又苦，粮食产量一年300多斤。丈夫家对我较好，他们吃什么给我吃什么与他们女儿一样对待。历史上我们珞巴族没有医院这个名词，因此珞巴妇女都在家里生育小孩，尽管和平解放后有解放军医院，但由于妇女传统的观念加上医院的医疗设备没有现在那样先进，妇女们依然选择在家生小孩。我也是在家里生了4个小孩（3女1男）。我们村里有个妇女生了32

---

① 珞巴族博嘎尔部落中，女子的地位相当低，是从属地位，是属于男子的一部分财产。在等级较低较穷的家庭里双方的男子均以自己的姐妹相互换为妻，故无须另外补偿，这种以对等的方式交换女子的交换婚是传统珞巴族婚姻形式之一，这种交换婚在氏族中非常普遍。

个孩子，有的生了12个，因此，生5、6个算是正常生育数。在家生育对妇女和新生儿危险较大，例如难产和大出血造成死亡的孕妇和婴儿也较多，当时我怀孕时我见过2、3个妇女难产而死亡的。

1970年初人民公社制时我当过5年的才召村的队长，当时我大概是25岁，也担任了4年的才召村妇女主任，还当过南伊乡保卫队队长等职务。我37岁时父亲去世，他活了100岁。20世纪80年代中期我非常荣幸地见到了当时担任西藏自治区主席的胡锦涛同志，他来到才召村视察工作，接见了我而我当时作为珞巴妇女代表。每次村里开展妇女工作我都积极参与，担任妇女技术培训的教师。例如编制竹篮子等。当时大家干活非常的积极，我呢，忙完队里的事后回到家做饭、洗衣、照顾小孩，都是我一个人在干，非常的累，所以向乡里提出辞职。1996年丈夫在一次队里干活时被水冲走殉职，当时组织上非常照顾我们，说有什么困难尽管提出，而且当时他们说其中一个小孩接替父亲的公职，但当时我的小孩们年龄都较小未能充职。我一个人把小孩带大，大女儿因为帮家里干活未能上过学，但我曾送她到队里的扫盲班学习，她现在能读懂藏文报纸，二女儿上到三年级就辍学，原因是她自己不愿上，儿子也没有上过学，现在他挖虫草谋生，只有小女儿上过学并且现在就读四川大学。

20世纪90年代以来，国家对少数民族的优惠政策使珞巴社会发展特别快，我们的生活水平也提高了。我的两个女儿和儿子都成家了，其中大女儿的丈夫是藏族，而且都是自由恋爱，婚姻美满。我的儿子结婚时年龄跟我当年一样，16岁，可他的妻子比他大10岁。

与藏族通婚和女子比男子大的婚姻在过去想都不能想，完全是属氏族的耻辱。而如今时代变了，珞巴人的观念也变了，只要儿女们幸福我们也不在乎他们的年龄和等级以及民族之分。我现已退休在家，与儿子和儿媳住在一起加上两个孙子。居住房属国家帮扶下新盖的才召村安居房。我们村里大家都集中居住，通电，通水，也有村级医院和学校，邻里之间有串门的机会，相互帮助，生活过得很满足。

我这一生最大的遗憾是没有文化知识，最大的希望是余下的时间里与家人好好过幸福生活。

口述 2

采访时间：2012 年 5 月 28 日 15：30

采访地点：亚杰的甜茶馆里

亚杰：女，63 岁，琼林村，属第一批珞巴青年护士班职业护士，现已退休，经营一家甜茶馆。

1955 年，我 5 岁时就跟随爸爸、妈妈、爷爷、奶奶和三个叔叔一起从玛尼岗回到米林的琼林村。据说我奶奶生了 32 个孩子，最

终存活的只有11个，10个儿子1个女儿。回到米林后政府安排爷爷在统战部工作，大概1965年或1966年时爷爷过世，父亲就接了爷爷的班。

　　我的父母有2男2女，4个孩子，我和大弟弟在单位工作，其他两个没有固定的职业。听我的父母说他（她）们是自由恋爱的，过去在珞巴族里不管是父母指定婚姻还是自由爱恋的婚姻都要买妻子。也就是说男方付给女方家抚养费（喂奶费，养育费，介绍费，给舅舅的看护费和保护费），而这些用实物来支付。① 当时父亲家男孩较多，很穷，没有足够的牲畜来买我母亲，舅舅决定等我父母结婚后只要生一个女儿必须嫁到舅舅家来抵抚养费。因此，我出生后的3天就与大舅舅的儿子订婚。② 1957年我7岁就嫁到大舅舅家呆了9年。9年的生活里我要做的事很多，干家务活，当保姆，做饭，相当于佣人。我的大舅舅有三个老婆，与我订婚的是大老婆的儿子。虽然订婚了但我对他一点感情都没有，根本不想与他结婚。加上三个老婆为了我舅舅争风吃醋，经常吵架没有一天安宁的日子。后来大舅舅去世，儿子未成年，按传统习俗，大舅舅所有的财产包括三个老婆和他们的子女都转房到小舅舅。当时小舅舅是村长，转房后他把与我订婚的男人送到县里上学，而我依然在家干家务活，后来我实在不愿过这种生活，1965年夏天逃到妈妈家。我的这种行为在珞巴族是非常大逆不道的，按照习俗，订婚之后一定要结婚，悔婚是对男方和男方家庭的一种极大的侮辱，也会给我父母和我自己带来危险。因此，母亲一直在劝我必须得回去。我跟母亲讲，解放了为什么还是这样男女不平等，等我长大后一定要改变这种风气，母亲很无奈地说这是我们

---

① 在珞巴人的生活用语中，没有金钱的概念，而通用的价格以值几头黄牛来计算。
② 在传统的珞巴婚姻形式中表兄妹是可以通婚的，妇女所生的子女是父亲血缘的延伸，而母亲一方，却与血缘无关。

珞巴祖祖辈辈沿袭来的习俗，你一个人是改变不了的，你就认命吧。如果你真的想逃离那个家族，你就回去从那儿离开，这样不会给娘家带来危险。听了母亲的话我就回到小舅舅家，没有遭毒打但挨了较多骂。

1966年9月我听说米林县在招兵，我就一个人从家里逃到县里报名参军，当时我看到很多人来参军而我是最后一个报名的，当时是16岁。后来才知道是林芝军区到米林县招兵，主要是培养少数民族青年，我看到从墨脱县来的门巴族和珞巴族，参军时珞巴姑娘有8~9个，其中4个目前还在县里。过去从来没有上过学，参军的第一年部队给我们补习文化知识，教汉语、藏语、数学、美术等，第二年把我们送到八一某部队医院开始学习护理知识。当兵时我意外发现与我订婚的那个男人也在部队上而且是参谋长，当时我觉得运气真不好。20世纪60年代，虽然解放了，但珞巴的这些旧习俗还是没有多大改变。有一天他来找我说按照习俗要完婚，而我实在对他产生不了感情，因此总是回避和回绝他，可是他非常坚决一定要结婚。他那样执着我也不敢与其他男性交朋友，这会给我将来男友带来杀身之祸，因为悔婚是对男方和男方家庭的一种极大的侮辱。

我担心的事终于发生了，有一天我和一个女护士在宿舍里聊天，那个订婚的男人突然闯进来一句话不说冲我就开枪，当时我什么都不知道，醒来时已在抢救室里。后来听同事们说他冲我开枪后他自己也试图自杀，但子弹打到他的腰椎上，从此变成瘫痪。为此部队关押了他3个月左右，但因他身体原因放出复员回到老家，3年之后听说他得痢疾去世。

1970年我复员分配到米林县人民医院，因属于少数民族培养的第一批护士，县医院非常重视我们，待遇也很好。我主要从事护理工作，后来因青霉素过敏转到药房工作。出事后父母对我的处境非常理解，追求我的人较多但我还是不敢交男朋友，父母劝我有合适的人就结婚吧，不论是藏族还是汉族。当时我自己也没有意中人，亲戚朋友介绍好几个都觉得没有什么感觉。1972年经同事介绍认识了现任丈夫，他在邮电局工作，人挺老实的，藏族，工作也认真，就与他结婚了，当时我22岁，连年生了三个男孩。

对于一个女人来讲，维持一个好家庭和事业上有所进步是非常不容易的，我一边上班一边照顾孩子，有时值夜班非常忙，我们双方忙时孩子由亲戚照顾。后来丈夫慢慢变了，喜欢喝酒，玩牌，不顾家，家里家外照顾小孩都是我一个人在忙，有时实在是扛不住。我的一些好朋友曾劝我离婚吧，找一个对自己和家庭负责人的人。我在大儿子12岁时想过离婚，但想了想觉得万一新丈夫对孩子不好那又该如何，因此为了三个孩子还是忍受了一切。婚后我一直是忙于家庭和事业上，几乎很少出去聚会，见朋友等，如今孩子们都长大有自己的工作和家庭，我也欣慰了。

我的一些朋友说女性只要漂亮能找一个好老公就是她的幸福，不需要上学，而我非常不同意这种观点。从个人的经历来说女性应该要受教育而且要独立自强，不要靠任何人。过去珞巴族里很多人看不起女人，女人就是男人的附属品。而现在党的政策使我们珞巴女性从根本上解放了，根深蒂固的婚姻陋习也彻底改变了，没有买卖婚姻，没有交换婚姻，没有抢婚，可以通婚，我的三个儿媳妇都是藏族，自由恋爱，婚姻非常美满，我们婆媳之间关系也非常好。

我是一个普普通通的女人，想过平平淡淡的生活，希望有一个对家庭对孩子负责任的丈夫，相互尊重。现如今丈夫的行为有点让我遗憾，但他始终是孩子的父亲，他生病时我照顾他，这是作为妻子的责任，除此之外我们都是各自发展。目前我退休了但又闲不住，开了一小茶馆，生意挺好的。

从我的经历总结出，女人必须要自强，自信才能自立，女性不仅要心灵美，而且要坚强，才能被社会认可。

口述 3

采访时间：2012 年 5 月 20 日上午 10 点

采访地点：南伊乡政府办公室

德吉央宗：女，42 岁，珞巴族、米林县南伊乡副乡长，妇女主任，人大专职副主席。

我是 1970 年在米林出生的，1979 年在八一上学，小学毕业后上了内地初中，高中上的是南昌师范学校，属第一批内地藏族班。毕业后分到米林县羌纳乡当老师，当了半年，主要教数学。1993～1995 年改行在米林县新华书店当销售员，之后调到县委办工作 2 年，后又调到政协当文秘工作 7 年，2005 年调到组织老干部局长，2007 年因工作需要调到南伊乡当副乡长，妇女主任，人大专职副主席。

我父亲是珞巴族，老家邦纳村，小时候听父亲讲父亲家里特别穷，早年父母双亡，被亲戚养着，后来亲戚家养不起便把父亲送给林芝县一户人家，然后在那里成长并在林芝县电影队里工作。我父亲早年因吃过很多苦，吃不饱饭，身体一直不好，他62岁时去世。母亲是藏族，米林县农民。我父母有三个孩子，二男一女，我小时候非常羡慕同龄的小朋友上学，而我9岁时才有机会上学。虽然父母把我们三个兄妹送到学校，但只有我完成了学业，两个弟弟不争气，中途辍学在家，目前都是农民。

我自己家里有6口人，丈夫和我妈妈及三个孩子（二女一男）。尽管我和丈夫把儿子和大女儿送到学校但他们都不愿上学，儿子辍学在家，而大女儿在她奶奶的茶馆里打工，在我们南伊乡的三个村里，小孩上初中后辍学的现象较普遍。

珞巴族里与我同龄的女性基本上是文盲，我是比较幸运的，因在县城里生活才有机会上学，而她们都在农村里。70年代村里没有学校，很多家长也没有意识送小孩上学，特别是女孩子。我的丈夫是甘肃汉族，没有上过学，在县里做点小生意。对我的婚姻，我母亲持理解态度，不忌讳异族通婚。作为妻子，工作之外我应该在家里当贤妻良母，但由于工作的原因通常忙到晚，对于这个问题我丈夫不太理解。

在过去，由于整个社会经济发展严重滞后，我们珞巴没有一所医院，妇女健康没有保障，90%以上的妇女在家生育，又没有节育措施，因此出生率高死亡率也高。如今南伊乡有卫生院一所，医护人员2名，病床位10张，配备了小儿吸痰器、显微镜、呼吸复苏器等常规医疗器械，村卫生室一个。南伊乡作为米林县计划生育优质服务试点站，不仅满足了该乡育龄妇女生殖保健的需求，还改变了育龄妇女的生育观念和自然生育的状态，并为该乡105个育龄妇女全部建立了健康档案。现在该乡综合节育率为80%，60.6%的妇女生育选择医院，新生儿成活率98%，儿童疫苗接种率99%。作为乡里的妇女主任，我们每年至少3次下乡到村里，宣传优生优育，宣传妇女经期卫生知识和性病等其他卫生方面的知识。

我感觉这几年我们珞巴族性别角色发生了很大的变化，主要表现在过去妇女即便是非常聪明能干也只能表现在家庭里，正所谓"男主外女主内"，妇女早婚早育，在家看小孩，种地，几乎很少有主动权，家里的财政大权由丈夫管，大小事由丈夫决定，有些珞巴男性好酒，酒醉之后对妻子拳打脚踢，妇女只有顺从和忍受而已。而如今党的政策好，加上妇女本身的思想解放，不仅能在家里决定大小事还掌握家庭的财政权。另外，借助南伊沟旅游的开发，妇女参与到旅游活动中，不仅开阔眼界而且把本民族的传统手艺和服装展现在游客面前。每次下乡我感觉妇女的变化都很大，现如今女性不仅主内而且主外，有些妇女的本领比男的还要强，家庭角色的确发生变化，妇女们也深深地认识到教育的重要性，我真的感到欣慰。

我认为作为一位成功的女性，首先要有自己热爱的事业，之后把家庭关系搞好。目前我最大的心愿是让小女儿读完大学，有个稳定的工作。

附：调查点照片

才召村的珞巴民族、民俗展览厅　　　　笔者采访南伊村娅青老人

珞巴妇女性别角色与社会地位变迁

琼林村

才召村珞巴妇女

琼林村珞巴老阿妈

珞巴妇女

笔者摄于珞巴民俗村

问卷调查

传统珞巴家庭内摆设（1） 传统珞巴家庭内摆设（2）

现代珞巴家庭内摆设（3） 现代珞巴家庭内摆设（4）

南伊沟天边牧场 天边牧场的虫草生意

朝气蓬勃的现代珞巴少女

珞巴男性

珞巴族妇女性别角色与社会地位的变迁问卷调查

亲爱的广大妇女姐妹们你们好！我们是西藏大学《珞巴族妇女性别角色与社会地位的变迁》课题组成员，希望通过此次调查研究了解珞巴女性性别角色以及在家庭、社会活动中的地位情况，本问卷仅用于论文研究，其中有些信息我们严格保密，您的参与给我们带来莫大的帮助，衷心感谢！

时间：_____　　村：_____

一、基本情况：

1. 户主：　　A 是　　　　B 否

2. 性别：　　A 男　　　　B 女

3. 民族：　　A 珞巴　　　B 藏族　　　　C 其他

4. 您的年龄段：

A 15 岁以下　　B 15~20 岁　　C 21~25 岁　　D 26~30 岁

E 31~40 岁　　F 41~50 岁　　G 51 岁以上

5. 宗教信仰：

A 苯教　　B 藏传佛教　　C 基督教　　D 伊斯兰教

E 其他

6. 您的家庭结构：

A 丁克家族　　B 核心家庭　　C 三代家族　　D 四世同堂

E 单亲家族　　F 其他

7. 全村是否通电：

A 是　　　　　　　　　B 否

8. 您的文化程度：

A 文盲　　　　B 小学　　　　C 中学　　　　D 高中

E 大专　　　　F 本科　　　　G 研究生

H 没有上过学但识字

9. 您的职业：

A 专业技术人员　　　　　　B 商业服务人员

C 党政机关人员　　　　　　D 企业管理人员

E 企业生产人员　　　　　　F 农民

G 学生　　　　　　　　　　H 离退休人员

I 全职家庭主妇　　　　　　J 失业人员

K 自由职业　　　　　　　　L 其他

二、家庭经济情况

1. 您世代是否居住在此？

A 是　　　　　　　　　　　B 不是

2. 什么地方迁移过来的？何时（　　　）何地（　　　）

3. 您现居住的房子为：

A 传统的木房　　　　　　　B 传统石木结构

C 自己新盖的房子　　　　　D 参加新农村安居项目

4. 您有几个房子（　　　）分别是：

A 商店　　　　B 工厂　　　　C 家庭旅馆　　　D 家庭餐厅

5. 您目前居住房子的费用：

A 所有费用是自己付　　　　B 和政府各付一半

C 政府出一切费用　　　　　D 其他

6. 您房子的电源：

A 电网　　　　B 太阳能电　　　C 私人发电机

7. 您家里有：

A 手机　　　　B 座机　　　　C 手机和座机同时拥有

D 黑白电视　　　E 彩色电视　　　F 冰箱　　　　　G 电脑

H VCD　　　　　I 太阳能　　　　J 铁炉子　　　　K 缝纫机

8. 您家里的交通工具：

A 马车　　　　　B 汽车　　　　　C 摩托车　　　　D 拖拉机

E 什么都没有　　　　　　　　　　F 其他

9. 您家的饮用水（过去　　　　　　）：

A 井水　　　　　B 河水　　　　　C 山涧溪水　　　D 湖水

E 雪水　　　　　F 砸冰水　　　　G 自来水（何时饮用　　　）

H 其他

10. 您家主要收入来源：

A 农业　　　　　B 牧业　　　　　C 林业　　　　　D 做买卖

E 副业　　　　　F 外出打工　　　G 做工艺品　　　H 搞旅游

I 其他

11. 您家收入来源主要靠：

A 丈夫　　　　　B 自己　　　　　C 共同　　　　　D 儿子

E 女儿　　　　　F 其他

12. 您家人均年收入为：

A 1000 元以下　　　　　　　　　B 1001～3000 元

C 3001～4000 元　　　　　　　　D 4001～6000 元

E 6001～7000 元　　　　　　　　F 7001～9000 元

G 10000 元以上

13. 家庭收入的主要开支：

A 建房　　　　　B 电器　　　　　C 交通工具　　　D 生活用品

E 药费　　　　　F 其他

14. 林地是否承包？何时承包？（　　　　　）

A 是　　　　　　B 不是

15. 是否有林地使用权？

A 有　　　　B 没有

16. 如有林地如何使用：

A 自己管理　　B 承包给别人　　C 政府管理　　D 村级管理

17. 您家农地面积多少？（　　　　）

18. 与过去相比森林面积是否减少？

A 是　　　　B 不是

19. 过去女性主要从事什么劳动？

A 农业　　　　B 林业　　　　C 买卖药材　　　　D 搞旅游

E 在外打工　　F 干家务活

20. 现在女性主要从事什么劳动？

A 农业　　　　B 林业　　　　C 买卖药材　　　　D 搞旅游

E 在外打工　　F 干家务活　　G 公务员（政府）

21. 过去和现在相比劳动强度增加了还是减少了？

A 增加　　B 减少　　C 没有变化　　D 不知道　　E 其他

22. 安居房的好处：

A 便于政府统一调控　　　　B 子女上学方便

C 邻里间串门便利　　　　　D 统一通电、通水

E 喜欢热闹的环境

23. 安居房建设经费来源：

A 国家（　%）　B 个人（　%）　C 其他（　）

24. 是否贷款建房？

A 是　　　　　　　　B 不是

25. 由于贷款原因心理压力：

A 压力大　　B 非常大　　C 没有压力　　D 无所谓

26. 是否用过电子产品（电子游戏，电子邮件，上网聊天）？

A 用过　　　　B 没用过

27. 哪个季节您最忙？

  A 春季   B 夏季   C 秋季   D 冬季

  原因：

28. 您家里主要决策谁决定（例如：小孩上学、家里添增贵重的东西）？

  A 丈夫   B 自己   C 儿子   D 女儿

  E 老人   F 亲戚   G 共同   H 其他

29. 您家里钱财支配权在：

  A 丈夫   B 自己   C 儿子   D 女儿

  E 老人   F 亲戚   G 共同   H 其他

30. 您家的家务活主要靠谁承担？

  A 丈夫   B 自己   C 儿子   D 女儿

  E 老人   F 共同   G 其他

三、家庭婚姻情况

1. 您的婚姻状况：

  A 未婚   B 结婚   C 离婚   D 再婚

  E 丧偶   F 其他

2. 您认为女性应该什么时候结婚？

  A 25 岁之前 B 30 岁之前 C 35 岁之前 D 无所谓

3. 您的婚姻是：

  A 父母指定 B 自由恋爱 C 朋友介绍

  D 宗教仪规指定   E 其他

4. 单身的原因：

  A 从小就想当尼姑   B 喜欢单身生活

  C 看破红尘   D 其他

5. 嫁娶时是否给足够的嫁妆才能嫁娶？

  A 是   B 不是

6. 男子入赘时是否需要一定的彩礼？

A 是　　　　B 不是

原因：

7. 过去婚姻是否有一妻多夫或一夫多妻现象？

A 有　　　　B 没有

8. 现今婚姻是否有一妻多夫或一夫多妻现象？

A 有　　　　B 没有

9. 您觉得需要保留一妻多夫或一夫多妻婚姻制度吗？

A 需要　　　　B 不需要

原因：

10. 您认为女性结婚后应该：

A 把事业放在第一位　　　　B 家庭工作两头兼顾

C 以家庭为主

11. 过去女性丧偶社会上会受歧视吗？

A 会　　　　B 不会　　　　C 不知道

12. 过去妇女离婚和再婚社会上有什么看法？

A 看不起，认为低贱　　　　B 没有什么看法

C 不知道

13. 现在妇女离婚和再婚社会上有什么看法？

A 看不起，认为低贱　　　　B 没有什么看法

C 不知道

14. 您所知道的家庭中是否有女性受到歧视或顾虑的事情？

A 绝对没有　　B 有一些　　C 很多　　D 不知道

15. 过去婚姻上忌讳与异族通婚吗？

A 会　　　　B 不会　　　　C 不知道

16. 如果会忌讳，是与哪个民族？

A 藏族　　B 汉族　　C 门巴族　　D 僜人　　E 回族

17. 现在婚姻上忌讳与异族通婚吗？

A 会　　　　　B 不会　　　　　C 不知道

18. 如果会忌讳，是与哪个民族？

A 藏族　　　B 汉族　　　C 门巴族　　　D 僜人　　　E 回族

19. 与异族通婚生小孩随父姓还是母姓？

A 随父　　　B 随母　　　C 没有姓　　　D 求活佛赐名

E 长辈取名

20. 过去婚后妇女是否有继承权？

A 有　　　　　B 没有

21. 哪些人有继承权？

A 母亲　　　　B 女儿　　　　C 儿媳

22. 现在婚后妇女是否有继承权？

A 有　　　　　B 没有

23. 哪些人有继承权？

A 母亲　　　　B 女儿　　　　C 儿媳

24. 过去对没有生育能力的女性如何看待？

A 没有什么　　B 有歧视　　　C 不知道　　　D 无所谓

四、教育情况

1. 过去男孩和女孩受教育哪个重要？

A 男孩　　　B 女孩　　　C 都重要　　　D 无所谓

2. 现在男孩和女孩受教育哪个重要？

A 男孩　　　B 女孩　　　C 都重要　　　D 无所谓

3. 您认为社会上不重视女孩教育的原因：

A 女孩迟早要嫁人　　　　B 传统是这样　　　　C 其他

4. 您对女孩接受高等教育，对她的就业有信心吗？

A 有信心　　　B 较有信心　　　C 没有信心

五、宗教习俗情况

1. 过去打猎养家，现在还可以打猎吗？

A 可以，但野生动物少了

B 可以，但有指标

C 完全禁止打猎，保护动物

2. 现在男性主要从事什么劳动？

A 农业　　　　　　　　　B 林业

C 买卖药材　　　　　　　D 搞旅游产品

E 搞家庭旅社　　　　　　F 在外打工

3. 打猎用具及刀具女性可用否？

A 可以　　　B 不可以

4. 传统服饰始终用动物毛皮吗？

A 是　　　B 不是

原因：

5. 保护动物禁止猎杀，这是否影响传统服饰的制作？

A 是　　　B 不是

6. 用什么材料来代替兽皮做传统服装？

7. 占卦时妇女是否可以参加？

A 可以　　　B 不可以

原因：

8. 村里的宗教活动妇女是否可以参加？

A 可以　　　B 不可以

原因：

9. 宗教上有什么不许参与的，为什么？

10. 家里有人去世妇女能做什么？不能做什么？

原因：

11. 男性或女性去世，后事是否一样？

A 一样　　　　　　　　　B 不一样

C 男性隆重些　　　　　　D 女性隆重些

E 其他

六、社会活动情况

1. 您是否同意女性不应该从政当官的观点？

A 同意　　　B 很同意　　　C 不同意　　　D 很不同意

2. 您认为男女性在社会生活的哪些方面不平等？（多项）

A 教育机会　　B 工作机会　　C 升职加薪　　D 社会地位

E 法律保障　　F 政治前途　　G 家庭劳动分工上

3. 同意男主外，女主内的说法吗？

A 同意　　　B 不太同意　　　C 坚决不同意　　　D 无所谓

4. 是否参加社区或村里活动？

A 不参加　　B 极少参加　　C 积极参加　　D 应该参加

E 强制参加

5. 参加农业技术培训吗？

A 不参加　　B 极少参加　　C 积极参加　　D 应该参加

E 强制参加

七、旅游经济

1. 至今为止，您到过哪些地方？

A 拉萨　　　B 八一　　　C 日喀则　　　D 山南

E 内地　　　F 仅本地而已

2. 过去朝拜去过哪里？（　　　　）

3. 没有去远方朝拜原因：

A 经济原因　　　　　　　B 家务活繁重，脱不开身

C 照顾孙子孙女　　　　　D 其他

4. 是否想过迁移到其他地方？

A 有　　　　B 没有

原因：

5. 是否参加旅游活动？

A 是　　　　B 不是

6. 您参与社区旅游接待活动的年限：

A 3 年以下　　B 3~6 年　　C 7~10 年

D 11~15 年　　E 16 年以上

7. 您是以哪种方式参与社区的民族旅游经营活动？

A 自主经营的农家院　　　　B 农家院出租

C 分类参与的经营活动　　　D 其他

8. 您从事的旅游接待活动的年收入是：

A 3000 元以下　　　　　　B 3001~6000 元

C 6001~10000 元　　　　　D 10001~15000 元

E 15001~20000 元　　　　 F 20001 元以上

9. 您对目前的旅游收入情况满意吗？

A 不满意　　B 不太满意　　C 无所谓　　D 满意

E 非常满意

10. 您对本民族的传统文化习俗有何看法？

A 很有价值　　B 有一定的价值　　C 没有价值

11. 十年内的生活变化最大的是（多项选择）：

A 生活水平提高了　　　　　B 人们的视野宽阔了

C 妇女地位提高了

D 开发旅游经济收入提高了，但自然环境恶化

E 开发旅游经济收入提高，环境无恶化

F 外来人口增多

八、社会地位情况

1. 你能接受自己在外工作吗？

A 完全能　　　B 绝对不能　　　C 无所谓

2. 您同意女性嫁个好丈夫比取得高学历重要的观点吗？

A 同意　　　B 很同意　　　C 不同意　　　D 很不同意

3. 您认为当地妇女社会地位比以前有何变化？

A 有很大的变化　　B 有点改善　　C 差不多　　D 不好说

4. 您认为男女是否应该平等？

A 是的　　　B 不是的　　　C 说不清楚　　　D 无所谓

5. 您认为当地的男女接受教育权利是否一样？

A 一样　　　　　　　　　　B 男的好一些

C 女的好一些　　　　　　　D 因家庭而异有差异

6. 您是否知道国家保障妇女享有与男子平等的权利吗？

A 知道，很清楚　　　　　　B 只是听说过，但不清楚

C 根本不知道

7. 您是否知道《中华人民共和国妇女权益保障法》的内容？

A 知道，很清楚　　　　　　B 只是听说过，但不清楚

C 根本不知道

8. 您认为当今社会男女地位状况：

A 完全平等　　　B 基本平等　　　C 还很不平等

D 女性的权利超过了男性

9. 您希望自己以后的生活是哪种？

A 相夫教子　　B 事业型　　C 两者兼顾　　D 其他

10. 您希望将来的丈夫是哪种类型？

A 事业型，只需要负责挣钱，其他什么都不用操心

B 主妇型，家务很在行，事业上碌碌无为

C 介于上面两者之间　　　　　D 其他

11. 您觉得社会的男女分工是否合理？

A 非常合理　　B 合理　　　　C 不太合理　　D 不合理

12. 您认为女性与男性之间在体力、智力、心理等方面存在着：

A 较大差异　　　　　　　　B 有差异

C 没有差异　　　　　　　　D 不清楚

13. 您认为自己应付及解决生活问题的知识与能力处于什么状况？

A 足够　　　　B 还可以　　　C 较为欠缺　　D 十分欠缺

14. 什么最能体现女性的价值？

A 家庭和谐　　B 经济独立　　C 事业有成　　D 衣食无忧

九、健康及健康卫生情况

1. 在过去的三年里您是否去过卫生所或大医院？

A 没有治疗过　　　　　　　B 一年一次

C 半年一次　　　　　　　　D 一个月一次

E 一周一次　　　F 其他　　G 不知道

2. 您及您家人是否得过传染病？

A 没有　　　　B 有

3. 是否治疗过？

A 没有　　　　B 有

原因：

4. 生病治疗时是否先求佛，求巫师？

A 没有　　　　B 有

原因：

5. 您了解节育的知识吗？

A 知道一些　　　　　B 很清楚

C 不是很清楚　　　　D 不清楚

6. 您采取过节育措施吗？

A 采取过　　　B 是丈夫采取　　C 没有

7. 您了解优生优育的知识吗？

A 知道一些　　　　　　　　　B 很清楚

C 不是很清楚　　　　　　　　D 不清楚

8. 您产前去医务所检查吗？

A 不去，没有必要　　　　　　B 不去，没钱

C 去　　　　　　　　　　　　D 不知道要检查

9. 您产后是否回访？

A 不去，没有必要　　　　　　B 不去，没钱

C 去　　　　　　　　　　　　D 不知道要检查

10. 您的孩子都在家里生育？

　　A 是　　　B 不是

11. 是亲戚姐妹接生？还是接生员（医务人员）在家接生？

　　A 姐妹　　　B 接生员

12. 住院分娩需要付费吗？　A 是（大概需要　　　）B 不是

13. 得重病时是否及时看病？

　　A 是　　B 不是（原因）

14. 迫不得已才去医院？

　　A 是　　　B 不是

15. 是否丈夫或婆婆不让您去看病：

A 是（原因　　　　　）　　　B 不是

16. 妇女生育休息多少天？（　　　　　）

17. 家里女儿和媳妇生育是否同样对待？

A 是　　　　B 不是

原因：

18. 参加健康培训或讲座？

A 不参加　　B 极少参加　　C 积极参加　　D 应该参加

E 强制参加

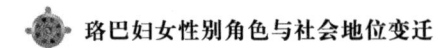

19. 妇女对健康教育的主观需求：

内　容	需要	一般需要	强烈需要
预防妇女常见病			
预防农药中毒			
子女家庭教育			
预防传染病			
营养与饮食卫生			
慢性非传染性疾病的防治			
生理卫生知识			
住宅建筑卫生			
环境保护			

20. 您最信任的卫生知识来源：

　　A 广播　　　　B 报刊　　　　C 电视　　　　D 学校教育

　　E 乡村或社区医生　F 亲戚朋友　　G 专家咨询　　H 其他

21. 您了解日常的卫生健康知识吗？

　　A 知道些　　　　　　　　B 知道，很清楚

　　C 不是很清楚　　　　　　D 不知道

22. 您知道性病对生殖健康的危害吗？

　　A 知道些　　　　　　　　B 知道，很清楚

　　C 不是很清楚　　　　　　D 不知道

23. 您了解进食盐和脂肪过多对健康的威胁吗？

　　A 知道些　　　　　　　　B 知道，很清楚

　　C 不是很清楚　　　　　　D 不知道

24. 对于一个家庭来说，您觉得谁了解或掌握健康卫生知识更重要？

　　A 父亲　　B 母亲　　C 丈夫　　D 妻子　　E 孩子

25. 您了解传染病对健康的威胁吗？

A 知道些　　　　　　　　　　B 知道，很清楚

C 不是很清楚　　　　　　　　D 不知道

26. 您听说过艾滋病吗？

A 知道些　　　　　　　　　　B 知道，很清楚

C 不是很清楚　　　　　　　　D 不知道

27. 您了解经期的卫生知识吗？

A 知道些　　　　　　　　　　B 知道，很清楚

C 不是很清楚　　　　　　　　D 不知道

28. 您是否了解孕妇保健方法？

A 知道些　　　　　　　　　　B 知道，很清楚

C 不是很清楚　　　　　　　　D 不知道

29. 您是否了解母乳喂养的好处？

A 知道些　　　　　　　　　　B 知道，很清楚

C 不是很清楚　　　　　　　　D 不知道

30. 您了解孩子按时接种疫苗的重要性吗？

A 知道些　　　　　　　　　　B 知道，很清楚

C 不是很清楚　　　　　　　　D 不知道

31. 您觉得孩子在哪里出生比较好？

A 家里　　　　　　　　　　　B 在医院

C 在牲畜圈栏里　　　　　　　D 无所谓

32. 您想获得的卫生知识健康服务是：

A 妇科疾病　　　　　　　　　B 生殖健康咨询服务

C 避孕节育措施服务　　　　　D 高质量的节育手术

E 节育后服务及治疗　　　　　F 产前检查服务

G 幼儿保健服务　　H 性病和艾滋病等传染病预防服务

I 其他

附：项目阶段性论文

珞巴族妇女的社会地位现状分析
——以米林县南伊珞巴民族乡为例*

次仁央宗

摘 要："女性地位的提升是社会文明进步的重要标志"。本文采用社会性别视角，基于南伊珞巴族乡三个村的入户调查、半结构式访谈和观察，并采用 Excel 数据分析珞巴妇女在政治、社会、经济、婚姻、家庭中的地位现状。

关键词：珞巴妇女 社会地位 现状

Analysis Lhoba women's Social Statue
—the case study from Miling County Nanyi Lhoba Nationality

Abstract："Improve the status of women is an important symbol of social civilization and progress" this article uses the gender perspective, base on Nanyi Lhoba nationality township three villages, through the household survey, semi-structured interviews and observation also uses the Excel data analysis to status of the Lhoba women in political, socio-economic, marriage and family.

---

* 项目基金：国家社科基金重大委托项目"珞巴族妇女性别角色与社会地位变迁"阶段性成果，项目号：XZ1109。

Key words: Luoba women; Social status; Situation at the moment

一、调查对象的基本状况

1. 民族：本次调查地点是林芝地区米林县南伊珞巴民族自治乡3个行政村即南伊村、琼林村和才召村。本调查对象年龄为15~55岁，共有女性159人，其中珞巴族女性占68.7%，藏族女性占25%，门巴女性占6.3%。本调查仅限于珞巴族女性，因此排除藏族、门巴族及在各省市学习的学生及出差的工作人员，另外除长期在山上挖虫草的女性外，剩余66个妇女基本上进行调查。

2. 年龄结构：本文对此次调查者年龄共分为七组，其中31~40岁组人数相对其他组人数较多约占31.8%；其次是41~50岁人口占27.3%；21~25岁组人口占16.7%；51岁以上占13.6%；26~30岁占7.6%；15~20岁占1.5%，15岁以下0%。1.5%缺失。

3. 婚姻状况：此次调查的婚姻情况为"已婚、未婚、离婚、再婚、丧偶"五种情况，全部被调查者在这五种婚姻情况中所占比例分别为84.4%、6.0%、1.5%、1.5%、3%。3.6%缺失。

4. 家庭情况：此次调查的103户家庭平均人口数4人，最低人口数为1人，最多为10人。被访者中36.4%的女性是户主并有收入来源，74%是农民。年平均收入在10000元以上比例为55%，7000~10000元比例为16.6%，4000~6000元比例为9.1%，1000~3000元比例为5.5%，低于1000元的比例为3%。10.8%缺失。

5. 物质生活状况、住房状况：受访对象家庭当中拥有各种家用物品的百分比如下：铁炉子99%、电视97%、手机88%、DVD机80%、摩托车54%、拖拉机27.6%、汽车18.4%、电冰箱13.1%、洗衣机5%、电脑3.5%、缝纫机3.2%、太阳能1.3%。住房情况比例：47%的家庭参与新农村房屋建设并拥有新房，新房的经费50%由政府出资；33.3%家庭属自建房居住者；22.8%家庭的房屋构建经费完全由政府出资建设，目前100%的家庭通电和通水。

二、妇女的社会地位现状分析

民主改革以来，珞巴族妇女摆脱了昔日束缚，打碎了身上的重重枷锁，不再被人歧视，不再被丈夫虐待和买卖，她们同男人一样，既是家庭的主人，又是生产建设的主力军。在构建和谐社会的今天，珞巴妇女参与政治、经济活动有了更广阔的天地。随着社会的变迁和发展，妇女地位的变化是显著的，主要表现为三个方面。

1. 政治地位：妇女的法律地位既是衡量妇女社会地位的重要标志，也是妇女获得一定社会地位的保障。[①] 依据中华人民共和国的法律，在本土内不分民族、职业、家庭出身、宗教信仰、教育程度、财产状况、居住期限，妇女享有与男子平等的政治权利、文化教育权利、劳动权利、财产权利、人身权利、婚姻家庭权利。妇女都有权依照上述法定权利，维护自己的合法权益。

自西藏民主改革以来一直到改革开放整个社会处于转型过程中，珞巴妇女无论在政治或经济方面，都能以平等身份与男子一起参加会议及活动。调查显示：69.7%的妇女积极参与乡和村级活动，包括乡、村级干部的选举；22.7%的妇女认为应该参加村里的各项活动；另外，69.7%的妇女积极参加农业技术培训；54.5%的妇女认为非常同意女性从政；30.3%的珞巴女性认为应该拥有家庭财产继承权，30%的妇女认为婚后应该具有财产继承权，47.9%认

---

① www.women.org.cn.

为婚姻有自主权，95.5%的妇女认为女性受教育非常重要，77.3%认为女性受教育后对女性就业有信心。在南伊乡被调查的66个珞巴家庭中，36.4%的妇女是户主。从职业角度来讲12.1%的女性从事专业技术，9.1%的女性从事商业服务，7.6%的女性在党政机关工作。

2. 拥有接受教育的权利：女性社会地位特别是政治和经济地位的提高，与女性本身的文化素质有着莫大的关系。教育对于女性解放起着关键的作用，通过接受教育，可以显著提高智力水平和道德素质。可以说，接受教育是女性发展的基础和地位提升的前提条件，也是女性地位提高的一个标志。[①]

民主改革前，珞巴族没有一个学校包括私塾学校，不管男女老少都未能有受教育的机会，他（她）们接受的教育基本上是家庭行为规范、劳动技能等传统常识。民主改革后，珞巴族与其他民族一样有同等受教育的权利，特别是女性受教育程度有了很大改观，入学率不断提高，文盲率不断降低，女性的教育水平不断提高，接受过高等教育的比例越来越多。此次调查15~55岁的女性受教育情况分为"文盲、小学、初中、高中、大专、大学、研究生及以上"共7个等级，结果显示，在各级受教育水平中人数最多的是小学文化程度的女性，所占比重为31.2%，其次为本科生占9.4%，初中文化程度的女性人数占7.8%，高中文化程度占6.3%，大专生占3.1%，文盲和半文盲比重占34.4%，未上过学但认字占7.8%。珞巴族女性受教育程度跟其他地方一样，与年龄关系很大，基本上是年龄越大其受教育程度越低，相反年龄越小受教育程度越高，当然这也是由时代条件决定的（见表1）。

---

① www.women.org.cn.

表 1　珞巴族妇女受教育程度

单位：%

受教育程度＼年龄段	15~20岁	21~25岁	26~30岁	31~40岁	41~45岁	46~50岁	比例（%）
文盲与半文盲		1	2	3	8	8	34.4
未上过学但认字				1	1	3	7.8
小学	6	5	5	3		1	31.2
初中	3	1	1				7.8
高中	3	1					6.3
大专	1	1					3.1
本科及以上		4	1	1			9.4

数据来源：田野调查。

截至2012年年底南伊乡0~12岁儿童136人；12~17岁少年61人；上小学人数87人，其中女生79人；初中包括县中学和内地初、高中学生41人，其中女生25人；大学生27人，其中女生10人。如今珞巴族由学校培养了一大批优秀的珞巴人才，妇女们也愿意把小孩送到学校接受教育。特别是年轻的核心家庭非常注重对子女的教育，认为国家对少数民族有特殊的政策，例如，十二年义务教育，对学生的三包政策，高考有分数上的优惠使得较多的珞巴青少年考上内地初中、高中及大学就读等，每年女性上学率大大提高。调查发现：56.1%的女性认为过去（六七十年代）男孩受教育重要，仅10.6%的女性认为男女教育都重要；而如今95.5%的妇女认为子女教育是非常重要的，1.5%的妇女认为无所谓。66.7%的妇女认为过去妇女地位低下谈不上受教育，社会不重视女孩教育都是传统思想造成的，9.1%的妇女认为女孩迟早要嫁人不需受教育。77.3%的妇女认为女孩受教育后对就业有信心，6.1%的妇女认为较有信心，而3%的女性认为没有信心。89.4%的妇女认为男女性受教育是平等的，3%的妇女认为不同家庭受教育程度也有差异性。

3. 妇女的经济地位：妇女参与经济活动的一个重要标志就是妇女获得了经济独立，提高了妇女的地位。民主改革之前，93%妇女以从事农业活动为主，从事林业的占5.6%，从事买卖药材的只占2%，妇女出去打工及女性公务员的比例几乎为零，而如今参与旅游活动的占15.1%，妇女在外打工的占4%。调查显示：在南伊乡调查的66个珞巴家庭中发现36.4%妇女是户主，12.1%的女性是技术人员，9.1%的女性从事商业服务，7.4%的女性在党政机关工作，她们的绝大多数收入来源与年均收入情况如表2、表3、表4所示。

表2　妇女主要的收入来源

从事的职业	人数	比例（%）
农　业	20	30.3
牧　业	6	9.1
林　业	5	7.6
做买卖	16	24.2
副　业	1	1.5
外出打工	2	3.0
做工艺产品	0	0
旅　游	1	1.5
其　他	9	13.6
缺　失	6	9.1

数据来源：田野调查。

表3　家庭的年均收入

年均收入	人数	比例（%）
1000元以下	2	3.0
1001~4000元	3	4.5
4001~7000元	4	6.1
7001~10000元	9	13.6
10001元以上	43	65.1
缺　失	5	7.6

数据来源：田野调查。

表 4　过去和现在妇女从事的主要活动对比

主要的活动	过去(%)	现在(%)
农　业	92.4	60.0
林　业	5.6	1.5
买卖药材	2.0	6.0
参与旅游活动	0	15.1
在外打工	0	4.0
全职太太	0	6.0
公务员	0	7.4

数据来源：田野调查。

三、妇女的婚姻、家庭地位现状分析

由于信息化和社会城市化过程家庭中的男女角色也发生了巨大的变化，传统家庭的角色减少了，与丈夫共同承担和管理家庭的经济和重大决策的问题，从而提高了在家庭中的地位，也促进了男女平等。民主改革之前，珞巴族家庭中女性承担着繁重的家务劳动和生产劳动，照顾老人与小孩等，即便这样在家庭决策方面和劳动分工上女性没有一点发言权和平等权，财产继承权最终都归男子所有，而且在婚姻方面禁止与外族通婚特别是忌讳与藏人结婚，认为这是珞巴族完全不能忍受的行为，与外族结婚的妇女不仅在氏族中被看不起甚至家里人觉得丢尽家族的脸面，该妇女在氏族等级制度中降为最低等级。因此，女性在家庭中没有决策和发言权，婚姻也没有自由，地位非常低下。此次调查资料显示：59.1%的妇女认为过去在家庭中女性受到歧视，72.6%的妇女认为不能与异族通婚，66.7%的妇女认为不能与藏族通婚，62.1%的妇女认为离婚和丧偶的妇女为低贱的，氏族会看不起，56.1%的妇女认为不能生育的女性在氏族社会和家庭中会受到歧视和不公正的待遇，婚后夫妻关系不平等占66.6%。而如今，在这一方面有很大的改观，特别是婚姻上父母尊重孩子自由恋爱的权利，允许与异族通婚，目前在南伊乡

与异族通婚的家庭有 20 户,其中与藏族通婚的有 10 户,与门巴族通婚的有 6 户,与汉族通婚的有 4 户(见表 5)。

表 5　女性在家庭婚姻中的今昔地位对比

各项	民主改革之前(%)	民主改革之后(%)
婚姻决定权(父母制定)	77.8	37.9
夫妻关系不平等	66.6	43.0
对丧偶妇女的歧视	50.0	12.0
对离婚妇女歧视	62.1	12.1
不能与异族通婚	72.6	4.5
没有家庭财产继承权	87.8	16.3
对没有生育能力妇女的歧视	56.1	4.5
小孩随父姓	92.3	64.0

数据来源:田野调查。

对于能够反映珞巴族妇女地位的另一重大方面是以家庭决策权和掌握经济大权。我们从调查中发现,其家庭决策权由妻子及夫妻共同决定的占大部分比例,分别为 30.3% 和 25.8%;同时也有 50% 的家庭经济大权由妻子掌握,仅有 7% 的家庭由丈夫掌握家庭的经济大权,12.1% 的家庭是由夫妻共同管理家庭经济。从这些数据我们可以看出妇女既是家里的主要家务的承担者同时也是该家庭的主要决策者和掌握经济大权管理者。由此反映出现代珞巴族妇女的家庭地位不仅提升,而且有些家庭妇女地位有了质的飞越(见表 6、表 7 和表 8)。

表 6　家庭成员主要从事家务活动

	总户数	丈夫	自己	共同	女儿	儿子	老人	其他	缺失
家里活动主要靠谁(户数)	66	4	50	5	0	1	2	1	3
百分比	100	6.1	75.8	7.5	0	1.5	3.1	1.5	4.5

数据来源:田野调查。

表 7　家庭决策情况

	总户数	丈夫	自己	共同	女儿	儿子	老人	其他	缺失
家庭决策权（户数）	66	13	20	17	0	4	3	6	3
百分比	100	19.7	30.3	25.8	0	6.1	4.5	9.1	4.5

数据来源：田野调查。

表 8　家庭中掌握经济大权

	总户数	丈夫	自己	共同	女儿	儿子	老人	其他	缺失
家里钱财支配权（户数）	66	5	33	8	1	3	3	8	5
百分比	100	7.6	50	12.1	1.5	4.5	4.5	12.1	7.6

数据来源：田野调查。

表 9　过去和现在妇女从事劳动强度的对比

过去和现在体力劳动	人数	比例（％）
增　加	11	16.7
减　少	47	71.2
没有变化	2	3.0
不知道	1	1.5
其　他	0	0
缺　失	5	7.6

数据来源：田野调查。

过去在珞巴族的社会里妇女只是传宗接代的工具，多生男孩成为妇女的分内职责，而生育几个孩子，生育间隔以及不生育采取什么样的避孕措施等没有任何的主动权。如今珞巴族妇女在生育观念上也发生了较大的变化，女性地位提升也伴随着生育率的降低。许多研究表明，女性的教育、就业和生育率存在负相关关系。妇女地位之所以会影响生育率，在于两性在权利和地位方面的差异所产生的不同生育意愿。本次调查显示：无论珞巴男性还是女性都希望家庭有两个孩子（一男一女）的占78%，希望有两个儿子的占38%，希望有两个女儿的占36%。由于医疗条件的限制，95%以上妇女生育小孩基本在家中进行，这对妇女与新生儿生命安全造成极大的危机，而现在基本上在医院生育并享受一定优惠政策（见表10）。

表10　在哪里生孩子较好

觉得孩子生在哪里较好	人数	百分比
家　里	12	18.2
在医院	40	60.6
在牲畜圈栏里	0	0
无所谓	1	1.5
缺　失	13	19.7

数据来源：田野调查。

四、结论

笔者认为在反映妇女地位提高的各项指标中，家庭地位的指标值是最高的。女性的家庭地位和责任与角色的变化，最重要的是在于女性对于自身角色的定位，在承传和发展民族优良文化传统的同时确立现代、文明、开放、民主和法治的新观念，确立自信、自强、自立、自主的新意识，从而使女性在家庭中的地位和责任与社会经济现代化同步。[①] 同样，珞巴族妇女也与其他民族妇女所期望的一样：真正成为一个独立的女性个体，走出家庭和心灵的束缚。

首先，从恋爱和婚姻角度来看，现代珞巴族青年男女是平等自由恋爱，女子不受制于男子，不受限于异族通婚，也不会考虑经济的原因或家庭的压力，具有婚姻自主权，对婚姻状况具有较高的满意度，父母对子女的婚姻大事也基本上持理解的态度，与民主改革

---

① 唐滢：《拉萨市妇女地位的研究》，首都经济贸易大学硕士学位论文，2006。

之前相比是翻天覆地的巨大变化。

其次，从家庭生产活动来看，妇女起着极为重要的作用，她们在家庭经济生活中的地位谁也无法取代。主要表现在妇女对财产的继承权，她们希望有自己独立的经济收入，对于家庭事务有主动参与的决策权，与丈夫一起决定家中大小事务和支配家中的经济大权，对财产拥有继承的权利。

再次，从受教育水平来看，女性受教育的总体趋势为随年龄变化而文盲率减少。从生育意愿看，珞巴妇女有近半数人希望要两个孩子（一个男孩一个女孩），表明女性的生育观念不受劳动生产对男性劳动力的高需求的限制。

最后，从社会性别观念看，87.9%以上的珞巴妇女认为男女平等，89.4%的珞巴妇女认为男女受教育的权利平等，71.25%的珞巴妇女认为当今社会男女的地位关系基本平等，62.1%的珞巴妇女认为希望自己今后的生活是家庭和事业兼顾。

总体来看，女性地位的提升是社会文明进步的重要标志，特别是女性所受教育水平使女性本身主体地位的提升。经过60多年的社会、经济发展，珞巴妇女在政治、经济、教育、婚姻和家庭等各方面拥有较好社会地位，她们更加希望自己不再是围着三尺锅台转的家庭主妇，而是在政治上享有与男人同等的权利，成为社会的主人，在西藏甚至全国的政治舞台上贡献她们的聪明才智，共同推动社会进步。

图书在版编目(CIP)数据

珞巴妇女性别角色与社会地位变迁：以米林县南伊珞巴民族乡为例/次仁央宗著.—北京：社会科学文献出版社，2015.9

（西藏历史与现状综合研究项目）

ISBN 978 - 7 - 5097 - 7063 - 4

Ⅰ.①珞… Ⅱ.①次… Ⅲ.①藏族 - 妇女 - 社会角色 - 研究 - 米林县 ②藏族 - 妇女 - 社会地位 - 变迁 - 研究 - 米林县 Ⅳ.①D442

中国版本图书馆 CIP 数据核字（2015）第 014201 号

·西藏历史与现状综合研究项目·

珞巴妇女性别角色与社会地位变迁
——以米林县南伊珞巴民族乡为例

著　　者 / 次仁央宗

出 版 人 / 谢寿光
项目统筹 / 宋月华　周志静
责任编辑 / 孙以年

出　　版 / 社会科学文献出版社·人文分社（010）59367215
　　　　　 地址：北京市北三环中路甲29号院华龙大厦　邮编：100029
　　　　　 网址：www.ssap.com.cn
发　　行 / 市场营销中心（010）59367081　59367090
　　　　　 读者服务中心（010）59367028
印　　装 / 三河市尚艺印装有限公司
规　　格 / 开本：787mm×1092mm　1/16
　　　　　 印张：7.5　字数：95千字
版　　次 / 2015年9月第1版　2015年9月第1次印刷
书　　号 / ISBN 978 - 7 - 5097 - 7063 - 4
定　　价 / 45.00元

本书如有破损、缺页、装订错误，请与本社读者服务中心联系更换

▲ 版权所有 翻印必究